前言

你的閱讀是否只是在浪費「時間」、「金錢」與「精力」呢？

「我知道你是閱讀家，不過你讀了20年這麼久，提升了多少收入與營業額呢？」

「什麼？我沒想過這種事情，收入完全沒有提升，營業額也沒有提升……也就是益是**0元**。」

這就是我們之間決定性的差異！」

導師繼續表示：「書是世界上**投資報酬率（ROI＝Return On Investment）**最能夠讓職場與人生都暴風式成長的事物。如果要聘請這些作者當顧問的話，1小是數10萬圓上下。

但是買書的話，只要花1千圓左右就能受用一輩子，其他地方可沒有如此物美價東西。然而，大家並不知道怎麼「用」書，因為沒有人說出來。

將閱讀視為興趣當然也很好，但是若能夠閱讀商務書籍，並在職場派上用場，就能夠帶來龐大的財富，為更多人做出貢獻。

儘管如此，盡力讀完書、卻從未活用在職場上；努力閱讀知識技術書或是自我啟發書，卻完全沒有活用在人生上——大部分的人都是這樣。

你打算維持這樣的閱讀法嗎？

這只是在浪費時間、金錢與精力而已……不，根本是在浪費人生。幸運女神與機會是不會對這種人微笑的。」

我簡直就是這種人生的典型。

「那我該怎麼辦才好？」

我不禁停下做筆記的手，望向導師的臉。

「這個道理不僅限於閱讀。」導師如此表示之後，就告訴我了：

①閱讀時要考慮「投資報酬率」（「閱讀理由」比「閱讀內容」更重要）

②閱讀的前提是活用在人生或職場，不要僅滿足於純粹閱讀
③試想自己是作者或主角的話會如何行動並實踐
④藉由泛讀與速讀鍛鍊選書的眼光，以找到命運之書與作者
⑤遇見命運之書後反覆閱讀與實踐，
直到學會作者的智慧、人格、行為、習慣與情緒等
⑥重複前述步驟，學會「投資報酬率」最大化的閱讀法

在這之前我學會了韓國引進的速讀法（一九八五年），加以改良後舉辦研修指導他人，但是那只是為了快速閱讀的速讀而已，**完全沒有想過「投資報酬率」**，這令我茅塞頓開。

事實上，我30多歲時揹負著約6千萬圓的債務，鬱鬱寡歡得宛如遭長年服務的公司突然裁員一樣。

為此我必須極力提升營業額，但是一想到速讀完全沒為我的人生加分，就不禁遠

離了閱讀。

對此導師表示：**「凡人會被『價格』牽著鼻子走，成功人士會重視『價值』。」「若你認為現在正面臨危機，就將之轉變（Change）成絕佳的機會（Chance）吧。所以不要只是埋頭閱讀，要認真挑戰（Challenge）把學到的事物認真活用在人生，如此一來，未來人生會變得很有樂趣，愈來愈輕鬆（Choroi，日文）喔！」**

當時**所得到的「4C」就成為我後來的人生指標**。

這時我想起的是國中時反覆閱讀也不厭倦的一本書。

* * *

本当（真正的）、本心（真心）、本気（認真的）、本質（本質）、本格（正統的）、本腰（全力以赴的態度）、本物（正牌的），這些在日文中代表人類根本的詞彙都有個共通點。各位覺得是什麼呢？沒錯，就是**「本」這個字**。

「本」代表「草木的根」，後來轉變成寫有文章的「お手本（範本）」，進而成為現在所稱的「書本」。

印刷出來的紙張成為書本的瞬間，就開始對我們的人生帶來影響，成為示範全新未來的範本。

我得知這個道理的是14歲，當時我才國中2年級，還一心一意打著桌球。

「希望桌球進步的話就讀這本書。」父親給我的這本書是《成功への四つの公式》（原文書名《If You Can Count to Four》詹姆斯・瓊斯）。

這是商務書籍，完全沒有提到桌球與運動。

但是我當時一心一意追求球技的進步，因此就自行將這本商務與自我啟發書籍的內容轉換成桌球，邊想像桌球情境邊反覆閱讀。

結果衍生出了截然不同的幹勁與行動力。當時我待的隊伍連地區大賽都沒贏過，隊員數量也只是剛好符合出場選手數量而已，沒想到後來竟然在地區大賽贏得冠軍，更在縣大會奪得亞軍。

這本書中的某個啟發，不僅對我的國中時代造成莫大影響，後來還拯救了墜入谷底的我，具有再造恩情。我活用這本書的啟發持續提高營業額，後來更達1年只要1場講座就達1億圓的程度，並持續了30年……

讀完那本書後的10幾年後，我走在能力開發研修、企業研修道路上，成為精通各種資訊的閱讀宅，甚至被稱為「自我啟發活字典」。

我翻閱每一本自我啟發書與成功哲學書，幾乎讀遍了圖書館中的這類書籍，甚至學會了速讀並教授起速讀法，但是絲毫沒考慮過投資報酬率。

我就這樣毫無章法地埋首苦讀，最終面臨如此下場……

■創業、經商與投資失敗造成的6千萬圓債務

■為還債而開始上班，沒想到僅1年就遭突然解雇

■早出晚歸的繁重工作與債務壓力，導致全身異位性皮膚炎並長達3年

■心愛的長子剛出生就進加護病房，骨肉分離了2個月

簡直不敢相信！國中時僅一本書就帶來人生的奇蹟，因此閱讀大量書籍的我，卻體驗到了人生的谷底。

導師的話提醒了我。責任並不在書籍，**而是我沒有理解「正確的閱讀方法」，不知道「閱讀的活用法」**。

單純從第一頁仔細讀到最後一頁，或者是用速讀的方式迅速讀完整本書，像這樣光是看完一本書不足以稱為閱讀。

只是增加新知識或新資訊稱不上是閱讀。

只是花大把時間坐在椅子上、翻開書本是學不了東西的。

幸好我遇見了本書要介紹的閱讀法。

這不是單純的速讀法或選書法，**而是名留青史的大人物們也在實踐的「究極能力開發法」**。

結果我的人生有了這樣的變化：

■重新創業1年後還完6千萬圓的債務。此後至今的28年間，經歷過2場大地震與經濟蕭條，甚至遇到新冠肺炎，我所創立的研修公司仍年年成長。

■重新創業第2年，我寫了靈氣方面的書籍《癒しの手》（たま出版／きずな出新版），成為銷售超過10萬部的長銷書。**至今已經以作家之姿，推出了41本累積發行超過100萬部的書籍**。

■由於曾經欠債的關係，我閱讀了財務與商務相關的書籍後，彙整精華並加以實踐。結果我的做法獲得好評，開始收到演講的邀請，也曾集結成小冊子《楽しく与え、豊かに受け取る》。不知不覺間，我辦理的「豐盛講座」已經成為人氣講座。現在我已64歲，將營運事宜交棒給後進，幾乎**每天都舉辦演講、參與研修並產出1500字以上，過著被3萬本書圍繞的生活**。

這一切都是閱讀法所帶來的改變。

本書除了導師的教誨之外，也將首次公開我半世紀以上的閱讀研究精華。

每次在演講會等談到這份精華的一部分核心時，每100人當中就會有99個人表示：

「原來還有這種閱讀法……」

「我從未在閱讀時抱持這樣的想法！」

接下來就要介紹這個**「僅有1％人知道的魔法閱讀法」**。

先來談談各章的大綱吧。

■第一章要探究**「學習」的意義**。我們不應為了學習而學習，而是要活用在人生或職場上。本章就要帶各位一起看看能夠改變人生的學習世界。

■第二章將**從最新科學的視角驗證「閱讀」與「話語」的力量**。閱讀是足以改變現實的訓練，而不是用來逃避現實。透過本章可以明白，為什麼知名領導人物都喜歡閱讀。

■第三章將介紹**透過新發現或偉業改變人類史的5位偉人，以及其與書籍的故事**。藉此認識有助於跨越貧困、破產、身體障礙、身分與階級等各式困難的書本力量與閱讀法。

■第四章會介紹**9本助我改變人生的書籍**。主題為「金錢、時間與自我實現」，相信對大部分的人都有用處。這不是單純的閱讀心得，還搭配了最新的驗證，全都是足以媲美講座的完整內容。

■第五章會徹底驗證**藉由閱讀讓人生更順利的機制**。人們總說閱讀是為了獲取新知識與新資訊，然而這反而成為加快人們遠離閱讀的理由。其實閱讀有助於獲取社交能力與應用能力等開拓人生的技術，而本章將帶領各位認識閱讀的真正目的。

■第六章**終於要進入速讀與快速實踐法**。過去的速讀法是為了少數天才而生，但一般人需要的是只要花15分鐘就能從一本書中獲得啟發、重啟人生的方法。本章將介紹這種閱讀法的完整步驟。

■第七章會提到**讀書會的舉辦方法**。讀書會不僅是大家輪流朗讀好書而已，善加運用還可以成為人生的跳板，為自己加強人脈、簡報能力與內容行銷策略能力。本章可以說是超詳細的手冊，連首次參加的人都能夠安心實踐。

■第八章要說明的，是**遇到命運之書後該怎麼辦**。尤其是「額外贈禮：遇見命運之書後的5大活用準則」（283頁），請各位務必詳讀。學習、做出決定、踏出第一步的人，勢必會看見奇蹟。本書將提供正在人生旅途中的各位能增進自身的啟發。

執筆本書的契機，源自於我的個人經驗。

但是本書不僅只是經驗分享。**而是將我二〇二一年前閱讀的龐大科學論文與相關文獻，整理成易於理解的系統**。其中甚至有短短的一句話，背後就藏著10本書以上的知識。

我就是這麼認真且秉持真心地寫下本書，希望能夠幫助各位理解閱讀的本質。

正因如此，無論各位處於什麼樣的狀況，只要稍微實踐本書的內容，肯定都能夠真正地改變人生。

相信各位**讀完本書後再翻開下一本書時，會發現人生的進展速度快得驚人**，請務必期待未來這一天的到來。

那麼就第一章見。

前言
你的閱讀是否只是在浪費「時間」、「金錢」與「精力」呢？ 1

第1章 學校不會教的學習教科書
①「後悔去做」與「後悔沒做」，哪一個比較痛苦？ 20
②對20歲以上的男女來說，比冒險和戀愛更令人悔恨的是什麼？ 22
③科學研究出的學習3步驟 24
④改變人生的那一瞬間是什麼？ 27
⑤人類也會學習偏見 31
⑥為什麼光是改變考試名稱，女性的數學分數就會降低？ 34
⑦破壞人生限制的唯一力量 36
⑧凡人甘地蛻變的瞬間：憧憬會超越框架 38
⑨兒童因《哈利波特》而消失的偏見 40

第2章 閱讀會使腦部發生神奇效應，書是體驗另一人生的轉換現實裝置
①打造資訊科技社會的巨人，都是超乎常人的閱讀家 46

②認知的陷阱——即使親眼所見，人們也看不見世界 52
③為什麼人們喜歡聽故事？書本是實現夢想的「神燈」 54
④閱讀是理性與感性的冒險之旅——科學得知的閱讀腦真面目 57
⑤閱讀時腦部會發生的同步現象——移情作用 61
⑥讓書成為人生的陪跑者與啦啦隊！在腦中迴響的激勵聲 65
⑦文豪海明威的挑戰——只用6個字就寫好一篇故事？ 68
⑧人們光憑1個字就能改變行動 70
⑨從西元前開始研究的力量——不知不覺間驅動人們的1個字 74
⑩無法專注的時代更需要看書——人維持專注力的時間比金魚短 77

第3章 從谷底掌握偉大的未來！以5個真實事件閱讀偉人

①人類在150萬年前突然變靈活的原因 82
②電學之父——麥可・法拉第：透過書籍輸出知識，機會自然就會造訪 85
③數學魔術師——拉馬努金：熟讀一本書，就足以改變大腦 92
④斯多葛主義始祖——芝諾：深受書籍感動而拜訪作者，從此改變一生 95
⑤航天之父——齊奧爾科夫斯基：遇見書籍的導覽者能夠加速學習 99
⑥超越大陸的赤腳青年——勒格森・凱拉：為了迅速實踐而閱讀 102

第4章 從3萬本書中嚴選出能解放金錢與時間的9本智慧之書

① 投資報酬率1千萬圓以上的9本嚴選書籍 110

②《If You Can Count to Four》（詹姆斯・瓊斯）：寶地圖的起點與改變現實的想像力 111

③《ユダヤ人大富豪の教え 幸せな金持ちになる17の秘訣》（本田健 大和書房）：富豪的想法與行為祕密 120

④《60分鐘改造企業》（神田昌典 匡邦文化）：大局觀所具備的矩陣思維 122

⑤《創造金錢》（珊娜雅・羅曼、杜安・派克 生命潛能）：用愛而非恐懼造就豐盛 127

⑥《巴夏》（岱羅・安卡 偉誌）：重新創造人生的期待力量 132

⑦《我的庶民養錢術》（本多靜六 大牌出版）：讓未來自己感謝的資產創造法 136

⑧《與成功有約》（史蒂芬・柯維 天下文化）：琢磨武器的方法 141

⑨《銷售的技巧》（法蘭克・貝特格 久石文化）：一流業務的準備能力 144

⑩《世界最偉大的推銷員》（奧格・曼迪諾 布拉格文創社）：藉由習慣的能力帶來人生奇蹟 147

⑪ 提高閱讀投資報酬率的ROI速讀法是什麼？ 150

第5章 閱讀讓人生更順利的3大機制

① 為什麼人們愈來愈不看書了呢？ 154

②人不會為資訊而改變，也不會為知識而行動 155
③電腦科學頂尖大學驗證出的「解決未知的力量」 157
④網路檢索帶來的真正問題——知識的錯覺 160
⑤世界第1小提琴家在街頭演奏卻只賺到32美金的理由 163
⑥為什麼愈擅長閱讀就愈擅長溝通？ 166
⑦對腦部來說，閱讀即社交！ 170
⑧純文字書能否傳遞的訊息 173

第6章　首次公開！魔法閱讀法——選拔式速讀法

①究極速讀的關鍵是捨棄9成！真正的速讀法應該做到的3件事情 178
②你在這一瞬間也正用3種基準速讀 181
③為什麼只有「書」無法速讀呢？ 184
④速讀的起始與真相 186
⑤【速讀的真相1】在腦中讀出來才能夠理解 188
⑥【速讀的真相2】沒看清楚的語詞就無法理解 188
⑦從科學角度來看唯一有意義的速讀法？ 190
⑧獻給忙碌的你——科學家也推薦的祕技速讀法 192

⑨適合訓練速讀的選書3大條件 194
⑩首次公開！魔法閱讀法——選拔式速讀法 197
⑪【步驟1解說】將想創作遊戲的無業年輕人轉變成富翁的加速學習精髓 200
⑫【步驟2解說1】吸引法學習的唯一條件 202
⑬【步驟2解說2】放鬆的準備：慢慢拓展視野 204
⑭【步驟2解說3】放鬆的準備：8-4-4呼吸法 206
⑮【步驟3解說】親臨選拔 208
⑯【步驟4解說】預試效應——愈出乎預料就愈加速學習！ 211
⑰【步驟5解說】10秒導向最佳狀態的想像與話語魔法 213
⑱【步驟6解說】可看出腦部認知能力強化的特異效果 214
⑲【步驟7解說1】容易在腦中留下記憶的是什麼？ 218
⑳【步驟7解說2】直接閱讀可以100％避免多餘視線 221
㉑【步驟8解說】用閱讀照亮人生滯銷品 223
㉒【步驟9解說】讓91％的人實際採取行動的計畫法 226
㉓一般人會被「價格」牽著鼻子走，成功人士會重視「價值」 229
㉔開闢作家、講師之路的1億圓筆記祕密 232

第7章 帶來豐盛成果的最佳第一步——舉辦同步讀書會

①速讀後最好舉辦讀書會的理由 238
②參加讀書會時，腦部產生的同步現象 240
③沒有讀書會，就沒有講師望月 242
④只有讀書會主辦者能夠獲得的6大好處 244
⑤引發同步的讀書會5大條件 247
⑥安全第一！讀書會新手的5大條件 250
⑦決定舉辦～舉辦當天：事前問卷應確認的4件事情 251
⑧舉辦當天：進入主題前應做的4件事情 253
⑨舉辦當天〈讀書會正式開始〉：由4大步驟組成的發表架構 257
⑩舉辦當天〈讀書會結束〉：避免開心以外什麼都沒有的3大作業 261

第8章 為了下一代，從書籍出發的無盡4C之旅

①在7倍創造故事陪伴下成長的世代，將帶來7倍的發明 266
②為什麼沒有夢想的兒童與年輕人增加了？ 268
③成年人應讓下一代看見自己「做決定的模樣」 269

④自行做決定可讓人生不再失敗 270
⑤做好決定就會湧現幹勁與行動力 271
⑥做決定後會出現的人生4C 272
⑦【階段1】Change（變化）：13歲領的第1份薪水是1.2美金 273
⑧【階段2】Challenge（挑戰）：透過記帳與摩斯密碼看見經營世界 274
⑨【階段3】Chance（邂逅機會）：遇見人生導師而覺醒成經營者 276
⑩【階段4】Choroi（愈來愈輕鬆）：藉由一場豪賭提高人生層級 277
⑪70歲的腦袋比20歲更發達！持續學習的人沒有終點 280
⑫額外贈禮：遇見命運之書後的5大活用準則 282

後記 290
書可以改變你的命運，你也可以改變書的命運

參考文獻 296

插畫 koriko

第 1 章

學校不會教的學習教科書

①「後悔去做」與「後悔沒做」，哪一個比較痛苦？

後悔分成2種。

Ⓐ **後悔去做**

Ⓑ **後悔沒做**

請各位試著想像一下，A與B這2種後悔中，哪一個比較痛苦呢？

心理學家湯瑪斯・吉洛維奇曾做過2項實驗。

第1個實驗是請38位受試者分別就這2種類型的後悔，暢談自己人生中最後悔的回憶。結果分析這份錄音後，得到了有趣的結果。

受試者談話的時間長度有明顯的落差。**聊及「後悔沒做」比「後悔去做」的時間長度多了約30%**。

接下來是第2個實驗。這次在紐約的購物中心尋找研究對象，請接受訪談的人回想至今的人生，為「後悔去做」與「後悔沒做」分別選出最後悔的3件事情。然後3週後致電給對方，請對方回想當初分享了哪些回憶。

分析他們回憶的佔比後，**發現受試者聊及「後悔沒做」的事比「後悔去做」多了約40%**。

由此可知，相較於「後悔去做」，「後悔沒做」更令人耿耿於懷。

為什麼會發生這種現象呢？

這是因為我們的聚焦點不同。

想到「後悔去做」的事，我們通常會著眼於實際發生過的壞事，心痛程度不會比當下感受來得高。

對於「後悔沒做」的事則不一樣，我們**會著眼於並未實際發生過的好事**。幻想自己「應該可以」、「應該辦得到」，而且這份幻想會日復一日增長、止也止不住。

吉洛維奇進一步談到：

「由此可知，人們行動時衝動一點比較好。」

可是，為了避免「後悔沒做」，我們凡事都要衝動一點、隨心所欲去行動，真的比較好嗎？

② 對20歲以上的男女來說，比冒險和戀愛更令人悔恨的是什麼？

「如果人生可以重來，你認為自己會做出什麼不同的選擇？」

一九八九年，亞利桑那大學的理查．金尼爾將這個問題拋給316名受試者，請他們思考這個問題。受試者的年齡層相當廣，包括20～29歲、30～55歲、64歲以上。雖然全部都是成年人，但人生經驗仍有差距，得到的結果也相當有趣。

第8名至第2名分別如下：

第8名　生活與工作會更均衡……9%
第7名　會更重視金錢……13%
第6名　會花更多時間陪伴家人……15%
第5名　會更隨心所欲地生活……15%
第4名　多冒險一點……17%
第3名　更懂得自我管理……17%
第2名　更積極生活……24%

看到這裡，相信各位應該會疑惑地心想：「還會有更想要改變的事情嗎？」畢竟人生會感到後悔的事好像都列出來了。

下一頁就將揭曉最多人感到後悔的事。

第1名　更認真地學習……39%

無論哪個年齡層，都對於曾經不夠盡力學習感到後悔。反過來說，任誰都覺得學習能夠大幅翻轉人生。

蓋洛普公司於一九五三年與一九六五年舉辦的調查中，榮登第1名的同樣是對於「沒有盡力學習」的後悔。

換言之，我們內心最渴望、最想盡力去做的事就是學習。但是何謂學習呢？

③ 科學研究出的學習3步驟

何謂學習？人為什麼要學習？

這是從西元前就不斷被提出的疑問。各位有什麼想法呢？

上學、讀教科書就是最具代表性的學習，但學習可並不只如此。一九七二年科學家針對這個問題，提出以下解答：

「生物只有在事實違反預測時才會學習。」

這句話出自美國研究者羅伯特・雷斯科拉與艾倫・華格納。他們發現無論是哪一種學習，都可以歸納出下列3步驟。

【步驟1】腦部會合計所有輸入的感覺，做出某種預測

【步驟2】計算實際接收到的刺激與預測之間的落差（預測誤差）

【步驟3】按照預測誤差來修正自己的內部表現，致力於使下次預測更貼近現實

也就是說，學習是為了減少無法預測的事，修正預測並提高預測能力。

如此一來，我們才能在複雜且變化劇烈的環境中生存。

綜上所述，想要避免人生中感到後悔、輕鬆改變人生的最佳方法，就是學習。

學習3步驟

①預期自己會對
演唱會的現場
演出產生感動

光憑網路或電視
感受不到嗎？
LIVE
Like

②實際上
參加演唱會時

這種團結感與臨場感
太令人感動了!! 頭皮發麻!!
LOVE

③下次的預測會更貼近現實

因為超乎預期而
開始學習！

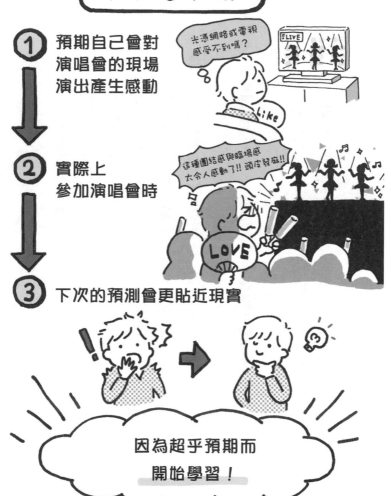

④改變人生的那一瞬間是什麼？

人生毫無進展、很快就想放棄、總是無法改變。

30年的講師生涯中，我幾乎每天都會收到這樣的諮詢，而我非常明白這種煎熬的心境。但是請各位放心，**只要學習就有助於找到解決這些困擾的線索**。

二〇一五年，艾美・史提爾等人發表了一項有趣的研究。他們讓40名11個月大的嬰兒看著會做出「現實生活中不可能發生的事」的裝置1分鐘，並觀察他們的反應。

裝置會做出下列動作：

Ⓐ從斜坡開下來的迷你汽車，穿透牆壁繼續行駛

Ⓑ迷你汽車超出了高台的邊緣後，停留在半空中

嬰兒的學習能力驚人，這個年紀就已經理解，物體若缺乏一定程度的硬度或支撐就會掉落。因此對他們來說，眼前所見都是超乎常理的現象。

此外，研究團隊還請另一組受訪嬰兒觀察迷你汽車「撞到牆壁就停止」、「靜止在高台邊緣」的正常物理現象，藉此比較2組受訪嬰兒的後續行動。

結果，看過汽車穿牆的嬰兒會更認真地敲打迷你汽車，用自己的方式表達對物體型態的疑問；看過汽車停在半空中的嬰兒，則會更容易從高處摔落，表現出對支撐力的疑問，並且採取實際調查。

也就是說，嬰兒看到超乎預測的現象時，同樣會產生學習慾望，並進一步調查。研究團隊表示：「從很早的人生階段開始，人類就傾向在目擊不符常識的現象時，格外努力地學習。」

改變人生的祕訣就是「產生驚奇」。

體驗過超乎期待的驚奇，人們就會開始學習並湧現出繼續生存的力量。

接下來要介紹大力鼓舞人心的事件。

第二次世界大戰打得如火如荼之際，英國首相溫斯頓・邱吉爾面臨必須做出決策的局面。當時以猛烈攻勢西進的德軍已經迫在眼前，他一個決定可能就會葬送大量性命，這讓他苦惱不已。

某天晚上，一位魔術師於邱吉爾用餐後登場，開始表演餘興節目。魔術師名叫哈利・格林。他緩緩地從箱中取出全新的撲克牌，並將紅黑各一張的撲克牌以正面朝上的方式擺在桌上。接著將剩下的撲克牌交給邱吉爾：

「請洗牌之後，將撲克牌分別覆蓋在紅黑兩張牌上，並按照你的直覺，將紅色擺在紅色上方、黑色擺在黑色上方。」

哈利接著道：**「所有撲克牌都正確地分成紅或黑的機率是2垓分之一。」**

「垓」是比「京」還要高的單位。多達17個0的機率簡直就是天方夜譚，但是下一瞬間出現在邱吉爾面前的卻是……

哈利掀開的所有撲克牌都正確分類了。紅色歸類在紅色、黑色歸類在黑色，一張都沒有出錯。

邱吉爾震驚不已，重來一次又得到相同結果，連續發生了2次機率僅2垓分之一的奇蹟。而哈利稱這個魔術為：

「Out of this world.」（另一個世界）

這場被後世稱為魔術史上最強傑作的魔術，讓邱吉爾的心境宛如踏到另一個世界，曾經因戰爭苦惱不已的感覺瞬間消失。到了深夜2點鐘，出現在會議桌上的邱吉爾已經露出截然不同的表情。

他帶著前所未有的幹勁與能量，帶領聯合國迎來勝利。

人們總是受到理性限制，無法做出重要的決定。**當邂逅前所未有的感動或驚奇感時，才會湧現衝動並做出截然不同的全新決定**。

行為經濟學權威——希伯來大學的艾亞爾・溫特對於驚奇的本質解釋道：

「從驚奇的經驗中獲取喜悅之情，會成為我們追求並期待驚奇的動機，進而強化學習能力、提高生存機率。」

生存的力量正是在驚奇刺激下所做的學習，正因如此才要「活到老、學到老」。

而人類作為社會性動物，無法獨自生存，第一個要學習的就是社會規則。這是非常棒的機制，**卻會衍生出一個麻煩的問題**。

⑤ 人類也會學習偏見

這邊再重複一次，學習就是腦部對預測的修正。人類遇到違反預測的現象時，就會修正自己的認知，使下一次的預測更貼近現實。

觸發這個機制的，正是名為驚奇的情緒。

然而，現實生活中的學習並不客觀也不機械性，而是非常主觀的。我們會優先從保護自己的重要對象身上學習，有時甚至會過度模仿。

這與範本的精準度或正確性無關，**有時也會因為視為範本的對象或環境，對世界產生偏頗的認知，而這就是「偏見」**。

人們是從幾歲開始產生偏見的呢？

接下來要介紹一項相關實驗。

二〇一六年威斯康辛大學的克里斯汀・夏茲等人發表了一項「真實」研究。他們在徵得父母的同意下，對46名4～6歲的兒童做了問卷調查。

歐美的貧困階層因為缺乏教育，往往帶有其他階層很難聯想到的偏見。而研究團隊想知道，兒童是從什麼時候開始產生這種偏見的。

研究團隊準備了2張虛構兒童的照片，其中一人穿著全新名牌衣服，另一人穿著便宜舊衣服，並請受訪兒童看一些物品、家人示意圖（像是大房子與小房子），請他們猜想這些屬於哪個虛構兒童。

接下來，研究團隊又準備了2張學校的繪圖作業，分別是正確塗色與沒有正確塗色的畫作，請受訪兒童猜想分別是哪位虛構兒童畫的。

最後又準備了7個朋友聚在一起的照片，與只有2個朋友的照片，請受訪兒童猜想這分別屬於哪一位虛構兒童。

這場實驗先讓受訪兒童推估2位虛構兒童的家境富裕程度，再讓他們猜想虛構兒童的能力與朋友多寡，逐步推進研究核心。

結果相當驚人。**4～6歲的受訪兒童中，大部分都認為穿著名牌服飾的虛構兒童擁有看起來較富裕的家人與物品，並且會正確完成學校課題、擁有豐富的人際關係！對於穿著便宜舊服飾的虛構兒童，則抱持著完全相反的想像**。

當然，衣著與能力、社會性毫無關連。

這就是偏見。

兒童是很純粹的，儘管擁有旺盛的學習慾望，卻會受到身旁保護自己的重要成年人影響，不知不覺間吸收對方看待事物的方式。

偏見是人們毫不打算修正的預測，不會受到驚奇情緒影響，並且會以真實情況驗證自己的認知。因為這麼做腦袋的負擔較少，也比較輕鬆。

但是，偏見遲早會轉變成**對自我與他人的限制**，對未來人生的學習造成阻礙。

⑥ 為什麼光是改變考試名稱，女性的數學分數就會降低？

閱讀下列2個句子後，各位有什麼感想呢？

① 女性擅長做家事
② 女性不擅長面對數字

擅長與否因人而異，但是我們對於隸屬特定類別的人事物，總會抱持著受侷限的概念。**這就是所謂的「刻板印象」，我們的可能性實際上已經被施加了無形的枷鎖**。

二〇〇五年有項驚人的實驗，由亞利桑那大學的麥可・瓊斯等人發表。研究團隊請144名男女參加數學考試，女性受試者多半平常就有受到「女性不擅長面對數字」的刻板印象影響。因此研究團隊針對考試名稱花了點巧思。

【A組】解題考試
【B組】數學考試

請受試者解開30個問題後，研究團隊獲得了頗具衝擊性的結果。**認知單純為解題考試的A組中，男性平均分數為53分，女性則為58分；認知為數學考試的B組當中，相較於男性平均分數有64分，女性竟然只有36分！**

然而，這2組的問題是相同的。

不僅如此，B組女性事前聽過刻板印象的說明後，平均分數就變為53分。

也就是說，對自己的刻板印象只會帶來負面刺激，讓人容易放棄，導致本身的能力受限。可見人們不知不覺間學習到的偏見會對自身造成多大的影響。

而我們最容易受到身邊的成年人與社會影響。即使是錯誤的認知，對當事人來說也是重要的生存智慧。

既然如此，我們會一輩子活在這種限制之下嗎？不，其實並非如此。**某個要素能輕易超越我們自身所處的框架**。

⑦ 破壞人生限制的唯一力量

二〇一一年，史丹佛大學的圭格理・M・沃爾頓等人發表了一場非常有意義的研究。研究團隊讓75名學生挑戰拼圖，然而**這是份絕對解不開的拼圖。當然，受試者都不曉得，認為應該拼得出來才對，這正是為了測試人們的執著程度**。

實驗開始之前，研究團隊請部分受試者閱讀一篇曾解開拼圖的前輩所寫的文章。內容提到在熱情且團結的夥伴與極富熱誠的教授相伴下，度過了充滿喜悅的求學期間。**但是這位前輩是虛構人物，文章也全部都是創作出來的**。

然而，實驗卻得到了相當有趣的結果。**讀過這篇文章的受試者挑戰這個不可能解**

開的拼圖時，平均耗費時間比沒讀過文章者長了47％。

後續還有相當有趣的發展。研究團隊又增加了「生日」這個設定，他們詢問部分受試者的生日後，為前輩設定了相同的生日。結果獲得了極佳的效果。**生日相同的受試者所費時間，比生日不同者長了65％**。

「憧憬」能夠幫助我們超越框架。**得知與自己有著共通點的人跨越了相同的高牆，有助於我們打造出「不輕言放棄的自己」**。

即使與這場實驗一樣，對方只是虛構的人物，也同樣有效果。

我們學習時，一直都有過度模仿的傾向，而且會優先模仿喜歡的對象。

雖然這容易造成偏見或限制，但是我們憧憬的對象並不限於雙親或身旁的成年人，書中的成功人士也是典型範例。

透過書籍感受到驚奇，能夠改變我們看待世界的方式。

這場實驗告訴我們，憧憬對象未必要是「能直接碰面的對象」。正因如此，人們隨時都可以改變人生。

接下來的一節，就要介紹一則具象徵意義的真實故事。

⑧ 凡人甘地蛻變的瞬間：憧憬會超越框架

聖雄甘地（一八六九～一九四八年）是推動印度獨立的偉大人物，任誰都聽說過。這一節要介紹的就是這位偉人鮮為人知的初期故事。聖雄意指偉大的靈魂，但是他的曾孫圖沙爾・甘地卻如此表示：

「甘地被強塞在聖雄這個框架裡。」

「他（甘地）只是個弱小的普通人，為了成就某件事情而努力。」

是什麼讓弱小的凡人男子，步上偉大的聖人之路呢？

甘地是印度宰相之子，自小生長於富庶環境下。當他到統治國——英國的倫敦學習法律後，遭受了令人難以忍受的差別待遇，讓他的民族意識逐漸覺醒，但是當時的他並沒有挺身而出的勇氣。

就在這時，他得知一位女性運動家的存在——**艾米琳・潘克斯特（一八五八～一九二八年）**。當時的女性在英國同樣是遭歧視的對象，平均週薪為2美金以下，且不被認可持有實質上的私有財產。相較於徵求共鳴的話語，潘克斯特選擇以行動為武器，展開了激烈的運動。

炸彈恐怖攻擊、抗議遊行、絕食、用電影宣傳等，潘克斯特為了追求女性的平等選舉權展開各種行動。甘地透過報紙得知這樣的行為後，受到極大的震撼。當時他以法律人士的身分在英領南非工作，便在當地報紙投書：

「英國勇敢的女性們選擇坐牢而非繳交罰金，我們必須向她們學習，請務必將此烙印在心底。英國女性們打破了常識，印度人也應秉持相同的精神奮鬥。」

這就是偉大民族運動家誕生的瞬間，而這則故事裡就包含著「憧憬」。

這位敵國的異性運動家，使甘地萌生了「我也要像這樣努力實現才行！」的心情。

可見憧憬的力量足以輕易跨越框架、對人生帶來影響。

不僅如此，甘地從未見過潘克斯特，僅僅一篇簡短的報導就點燃了他的熱誠。

那麼，如果是一本書的話，能夠引發多麼強大的魔法呢？

⑨ 兒童因《哈利波特》而消失的偏見

「哈利波特最大的魔法，就是減少了偏見。」

二〇一四年，摩德納大學的羅里斯・維佐里等人發表了很棒的研究。

《哈利波特》是史上最暢銷的童書。截至二〇一八年底已經翻譯成73國語言，全系列累積發行突破5億本。因此研究團隊針對2個國家做了以下的實驗。

首先他們讓34位義大利的小學五年級生閱讀了一部分《哈利波特》。

其中一組閱讀的場景是女主角妙麗因血統受辱，甚至被稱為「骯髒的麻種」，讓她的夥伴怒不可遏。

接著就做了2份問卷調查。

其一是關於對主角哈利波特（與邪惡奮戰的正向角色）的憧憬，問卷中詢問了其與自身是否有相似之處？是否想變得像哈利一樣？

其二是對社會問題之一的「移民」的態度，詢問了是否希望學校裡有更多移民第二代？

結果發現愈憧憬主角哈利的人，對於移民的偏見程度會比另一組低很多。

之後，研究團隊找了117名義大利的高中二年級生，在問卷調查中詢問受試者是否看過《哈利波特》的電影或書籍，並夾雜了其他閱聽體驗方面的問題，接著同樣請他們回答2份問卷。

其一是對作品中登場人物的憧憬。問卷列出與邪惡奮戰的主角哈利波特，以及屬於歧視主義者的反派角色佛地魔，詢問憧憬哪一類型？希望成為哪一類型的角色？

其二則是較切身的問題，也就是對同性戀的理解程度。

結果發現愈憧憬主角哈利波特的人，對同性群體的偏見程度會比較低。

最後，研究團隊又找來71名英國的大學生（18～44歲），並做了相同的問卷調查。但是這次的主題是難民而非同性戀，分析受試者對登場人物的憧憬與對難民的理解程度之間是否有關聯性。

結果相當有趣，相較於對主角哈利波特的憧憬，**對歧視主義者的反派佛地魔愈反感、愈不願與他同化者，對難民的理解程度就愈高**。

人因工程學研究者傑夫・考夫曼等人將這種**故事改變現實的力量稱為經驗帶入**。意即自主站在故事登場人物的角度，假設自己的思考、情緒、行為、目標與特徵等是否與該角色相同的模擬體驗過程。

《哈利波特》並無直接出現難民、移民與同性戀的議題。

但是**受試者卻進入《哈利波特》的劇情，隨著「憧憬與歧視奮戰的主角（同化慾望）」、「抗拒歧視主義者的反派（非同化慾望）」這種模擬體驗，將故事中獲得的感覺運用在現實的偏見中，並逐漸偏近自己在故事中產生的情緒**。

憧憬能夠幫助我們輕易飛越無形限制，且未必要實際見到憧憬的對象。即使是文字撰寫的虛擬故事，我們也能夠進入故事中，並將其運用在現實生活。

而關鍵就在於**「書本」與「閱讀」**。無論真實與否，書本當中都凝聚著許多引發憧憬的要素。**書本是最簡單且最便宜的轉換現實裝置，也是幫助實現夢想的神燈**。

那麼，書能夠為我們帶來什麼樣的影響呢？

下一章就要來解說為何閱讀能夠改變我們。

第1章
重點整理

☑ 人生中最後悔的事就是沒有好好學習。

☑ 學習是為人生修正預測並提高預測能力。

☑ 改變人生的唯一要素，就是體驗到前所未有的驚奇。

☑ 學習的恐怖之處——人們會連偏見等縮減可能性的事物一併學習。

☑ 憧憬可以讓凡人化身為牽動世界的偉人。

☑ 書籍是能使我們最快邂逅憧憬對象，進而實現夢想的神燈。

第2章

閱讀會使腦部發生神奇效應，書是體驗另一人生的轉換現實裝置

① 打造資訊科技社會的巨人，都是超乎常人的閱讀家

每當提及建議大家多閱讀時，一定會聽到這樣的反駁：

「看網路資訊就夠了。」

確實只要上網搜尋就能夠找到所有資訊，但是有一點請各位務必知道。**那就是構築起現今資訊化社會的巨人們，都是超乎常人的閱讀家！**

這裡要介紹3名男性。

第1位就是微軟的創立者——比爾・蓋茲。他的好友伯尼・諾耶就曾經表示：

「他1小時閱讀150頁，而且有90%都會記在腦中。」

據說比爾・蓋茲的包包裡隨時裝有10～15本書，簡直就是「人體資訊處理裝置」。而這個閱讀習慣是自幼養成的。

比爾・蓋茲的勝負慾比他人還強，總是窩在自己的房間裡，咬著鉛筆沉浸於閱讀中。**從一九九〇年代開始，就毫不間斷地每年花1週的時間將自己關在胡德運河的別墅，置身於書本與論文的世界裡**。

比爾・蓋茲將其比喻為「CPU時間（電腦內部執行程式的時間）」，是思考將來的重要時光。這樣的他將閱讀定義為：

「連結新知識與已知事的作業。」

他在閱讀時所做的筆記不會記錄在電腦中，而是全部寫在書本空白處。不僅如此，每當翻開書本前，他會先評估是否有耗時在上面的價值，只要判斷有足夠的價值，就會確實讀到最後。一旦他開始閱讀，至少會花上1個小時沉浸其中。

第2位是蘋果的創辦者——已故的史蒂夫・賈伯斯。

他曾經這麼說過：**「蘋果之所以可以創造出iPad這類產品，就是因為經常探索科技與博雅素養的交叉點。」**

關乎人文的博雅素養讓蘋果產品不僅性能優秀，還能讓人更直覺地樂在其中。

賈伯斯從高中開始，就耗費大量時間閱讀。其中最著迷的就是莎士比亞的《李爾王》，以及赫爾曼・梅爾維爾的《白鯨記》。前者是年邁國王欲分割王國，結果陷入瘋狂的故事；後者則是失去單腳的船長透過強烈意志力，向怪物般的鯨魚復仇。對於後來遭創辦公司驅逐又光榮回歸的賈伯斯來說，這2本書簡直就是在預習人生。

賈伯斯大學時進入里德學院後，沉浸於精神世界，最後甚至休學前往印度探索人生。他在這段期間經常閱讀拉姆・達斯的冥想指引《Be Here Now》，以及印度瑜伽始祖帕拉宏撒・尤迦南達的著作《一個瑜伽行者的自傳》。

賈伯斯從印度歸國後，受到《禪者的初心》這本書影響，開始參加作者——僧侶鈴木俊隆所指導的課程。**他有段時間甚至考慮出家，加入屬於禪寺的永平寺（福井縣），但是在導師的建議下打消念頭**。

以科技先驅者來說，這段經歷可以說是相當獨特。

對成為經營者的賈伯斯帶來影響的，則是哈佛商學院的傳說級教授克雷頓・克里斯汀生的著作《創新的兩難》。賈伯斯表示自己因為這本書，深刻感受到企業成功經驗破滅的感覺。技術與顧客需求都會不斷改變，為了避免執著於過往的成功事例，他開始習慣隨時「自我破壞」。

「經常自問，主動改變。」

「Think different（不同凡響）」這個堪稱蘋果代名詞的概念，正源自於賈伯斯的思想經歷。

最後要介紹的則是艾倫・凱。

即使沒聽過這個名字，想必也會知道他所命名的事物。

一九七七年，還任職於全錄帕羅奧多研究中心的他在論文中提到：

「假設有種獨立式的資訊操作機械，形狀與尺寸與筆記本相當……且擁有優於人類視覺與聽覺的功能，能夠記憶與變更幾千頁的參考資料、詩、書信、食譜、紀錄、繪畫、動畫、樂譜、聲音波形、動態模擬等，甚至可以在事後取出會如何？」

現代的我們當然知道，這就是電腦和智慧型手機，由此可知他預測時代變化的能力有多麼驚人。不僅如此，他還發表了劃時代的概念——**個人電腦**。

當時艾倫就已預見一人一台電腦的時代，並且想出了名為**「Dynabook」**的系統，以實現這個預測。

從他的命名即可看出，艾倫自幼就是異於常人的閱讀家。

艾倫2歲半就開始讀懂文字，小學期間每年閱讀400本書。

某天，他邂逅了**羅伯特・海萊因**所寫的科幻小說，書中描繪的異世界擁有可自動筆記與自動管理圖書的機器，不必被堆積如山的文件圍繞。小說帶來的衝擊，一直延續到他出社會之後。

一九七二年，他的團隊打造了集結Dynabook發想的樣品機「奧托」。其視覺呈現讓後來參觀研究所的賈伯斯極度震驚，並在此影響下於一九七九年開發出獨創的個人電腦「麗莎」，後來更進一步打造出「Mac」。

事後，艾倫談及自己創新的媒體觀根源時，如此表示：

「我曾有半年時間什麼都不做，全心全意地閱讀麥克魯漢的《古騰堡星系》這本艱難著作，而這就是我對媒體思維的基礎。」

正是這種令人難以置信的深度閱讀，創造出改變世界的概念。艾倫身邊有前仆後繼的實業家，試圖問出世界的下一步。對此他的答案是：

「預測未來的最佳方法，就是發明未來。」

我們如今身處的數位社會，就是這些不僅是靜待未來的人們創造的。而讓這些先驅勇往直前的動力，就是書本。

但是請思考一件事，**書本裡寫的是過去而非未來，為什麼科技領域的巨人們還是如此重視書本呢？**

「書本」究竟是何方神聖？又該如何正確「閱讀」呢？

在進一步闡述之前，先告訴各位一件具衝擊性的事情。

② 認知的陷阱——即使親眼所見，人們也看不見世界

這個瞬間，你的眼睛倒映著這個世界。

但是，你真的「看著」這個世界嗎？

二〇〇二年，猶他大學的研究團隊做出這樣的實驗。

研究團隊請13名受試者配戴眼動儀後，讓他們進行駕駛模擬遊戲。

有一部分受試者會以免持模式邊講電話邊駕駛，而虛擬空間的道路上擺有各式各樣的數位招牌。請各位稍微想像一下。使用免持模式就能確實看著前方開車，那麼看見的招牌理應與專心開車的人相同。事實上，從眼動儀確認，所有駕駛望向招牌的時候，視線都有0.1秒以上是聚焦在招牌中心。

然而，研究結果令人訝異。**使用免持模式邊講電話邊開車的受試者，意識到是招牌的數量不到專心開車者的一半**。儘管視線確實看著招牌，卻因為不專注而無法正確

認知到。如果這不是招牌而是人類，可就令人毛骨悚然了。

腦部影像化研究領域的第一把交椅——斯坦尼斯拉斯・狄漢表示：

「即使人眼張開，心仍會持續眨眼。」

後來還有一項延伸研究。二〇一五年，范德堡大學的布魯斯・麥克坎德雷斯等人創造出由8個子音與3個母音組成的文字，並請30名受試者確認解讀的狀況。

研究團隊將受試者分成2組，首先提出解讀時應注意的事項。

【A組】注意文字結構與發音

【B組】注意整體文字的形狀

結果相當驚人。**專注於文字結構與發音的A組，平均答對率有78.5%；專注於整體文字形狀的B組，平均答對率卻只有58%，簡直就像是僥倖猜中一樣。**

為什麼會產生如此大的差異呢？

研究團隊認為關鍵在於腦部在解答時會運作的成分之一——N170。

這個成分會於人類進行視覺處理時，出現在枕葉與顳葉之間。

像這項實驗進行語言處理時，N170主要會出現在左腦。而成果較差的B組受試者，則出現在右腦而非左腦。

光是簡單一句改變注意力的指示，就讓本來不應運作的腦部領域活化了！

人腦只能認知到注意力所及之處，沒有注意到的事物無論離自己多麼近，都形同不存在。換言之，**必須先有認知，才能夠擴大凝視（注意）的範圍**。

③ 為什麼人們喜歡聽故事？書本是實現夢想的「神燈」

人生是由自己所專注的一切組成。

反過來說，**只要改變注意力的方向，眼中的世界就會完全不同，這就像是能夠當場創造未來一樣！**

但是，該怎麼做才能達到這件事呢？「注意力」指的又是什麼？

關於這點，心理學家麥可・波斯納提出了注意力三元理論。

【要素1】警覺：代表「何時」的暗號

【要素2】定向：代表「何物」的暗號，增加在意程度

【要素3】執行：代表「該做什麼」的暗號，處理或控制專注目標

何時、何物、該做什麼——我們的注意力就是由這3大要素組成的。

這裡要請各位回想至今閱讀過的故事。

以童話為例，通常開頭都會這樣寫——從前從前在某個地方，住著一位老爺爺與老奶奶。老爺爺與老奶奶每天都會從事××，某天……

簡短的開頭就完美闡述了何時、何物、該做什麼這3大要素，因此故事開始後我們自然會願意傾聽下去。

商業界的說故事大師安奈特・西蒙斯就曾說過：**「故事具有誘導聽眾的能力，可以使他們陷入與日常生活中截然不同的意識狀態。」**

正因如此，具有影響力的領導者相較於說明，更重視說故事，藉此吸引廣泛聽眾的注意力。

那麼，想述說優質的故事需要具備什麼能力呢？

關鍵就在於要對故事有過著迷的經驗。這裡的故事並非僅是虛構，只要是用獨特世界觀敘事，並藉此傳達生存智慧與對世界的看法，就足以稱為故事。

既然如此，什麼樣的經驗算是著迷於故事呢？

古代著迷故事的王族，會在身邊配置專門說故事的官僚；但是我們不需要，**因為我們已經有書本了。只要翻開一本書，一個世界就會在眼前展開。而故事中的世界能夠幫助我們修正日常注意力的方向**。換言之，書本可以是轉換現實的裝置，也可以是有助於圓夢的神燈。

談到這裡，可以自由操控神燈的「閱讀」行為，又是如何呢？

④ 閱讀是理性與感性的冒險之旅——科學得知的閱讀腦真面目

閱讀是代表性的室內興趣之一。但是根據最新科學顯示，閱讀時腦部會極其活躍。致力於結合計算神經科學與教育工學的研究者大衛・羅斯，將閱讀文字時的腦部功能統整成3項。

【功能1】認知模式
【功能2】戰略計畫
【功能3】獲得感受

閱讀文字時的腦部3大功能

制定計畫、實際觀察與驗證後，品味當下獲得的靈感。**從某個角度來說，聰明的閱讀法就如同一場荒野冒險**。接下來，就一起看看腦部如何實際運作吧！

二〇〇四年，卡內基美隆大學的認知神經科學家馬歇爾・賈斯特的研究團隊有了一項新發現。他們請13名受試者閱讀40篇文章，而這些文章按照句子的因果關係程度分成了3個等級。

人們閱讀因果流暢的文章時，腦中可以彙整出相連的事件關係。本實驗就是要測試進行彙整時的腦部活動。

首先**活化的是腦部兩側的背外側前額葉皮層**。這個領域是人們的「智能」象徵，主掌目標設定、行動計畫、執行、作業記憶、顯示與修正等判斷。**人們在閱讀文字時會先活化這塊區域，藉由推論與假設大致掌握內容**。

接著活化的是右腦語言區。這個區域會積極整合「先前的假設」與「文章在腦中的呈現方式」。

能夠快速執行這2個步驟的人，就是擁有「閱讀腦」。**「閱讀」不只是要讀進書中的文字，還必須透過從文字獲取的資訊進行假設，並結合當下擁有的知識**。

這就是方才提及的功能1「認知模式」與功能2「戰略計畫」。

此外，別忘了功能3「獲得感受」。

檢視流暢解讀文章者的腦部影像後，會發現大腦邊緣系統與認知系統相接的路徑相當活絡。

閱讀並不只是冷靜地進行假設與驗證而已，**人們會透過文字浮現的情境，產生喜悅、厭惡、恐懼與亢奮等豐富的情緒變化**。這些情緒並不會阻礙假設與驗證，而是正因為有正面或負面情緒湧現，才有助於我們判斷價值、迅速掌握資訊的優先程度。

總而言之，**閱讀可以說是在名為書本的荒野中進行的理性與感性冒險**。

上一章提到所謂的學習就是預測與修正，而閱讀則會以更成熟的方式進行。

人們在閱讀時會專注於書本，以古今中外的先進人物思想為鏡，逐漸創造出內心的理性與感性。**因此閱讀可說是學習之王**。

讀到這裡，請先不要急著開始你的閱讀之旅，閱讀最大的魅力現在才要開始介紹。接下來要為各位獻上的，是開創未來的科技巨頭們沉浸於閱讀的真正原因。

⑤ 閱讀時腦部會發生的同步現象——移情作用

入戲、帶入情感等，正是閱讀的醍醐味之一。

但是近年發現這些詞彙不再只是比喻，**讀者的腦部真的會與書本產生同步現象**。

二〇〇九年，華盛頓大學的妮可・斯皮爾研究團隊發表了驚人的研究成果。

研究團隊請28名受試者閱讀短篇文章，並檢測閱讀期間的腦部活動。短篇故事中描繪著某位少年一天中的4個場景：早上起床吃早餐、在學校中庭與朋友玩耍、在教室上英文課、上音樂才藝班。

這僅是一篇短文，不是什麼戲劇，卻會引起閱讀者腦內一連串的變化。

首先，**每當場景切換、主角目標改變時，腦的司令塔——前額葉皮質就會活化。接下來，讓主角操作某物時，中央前溝與中央後迴就會開始活絡**。這是當我們實際上手握著物品時會運作的區域。

不僅如此，**主角前往其他空間時，前額葉眼動區與海馬旁迴就會活化**。前者是我們實際上在凝視某物時，用於控制眼球運動的區域；後者則是在空間位置發生變化時運作。

透過這項研究可以發現，我們在閱讀時，會隨著故事情境的變化，活化在現實世界做相同事情時運作的大腦區域。

明知道是虛構故事，為什麼腦部活動還會與現實生活中感知時相同呢？研究團隊做出了下列推論：

「這是人類為了更有效率且鮮明地傳遞經驗而演化出的能力。」

人為什麼會創作故事？語言又是如何生成的呢？這其實是基於我們想要將生存

之道傳遞給同伴所誕生的能力，因為這麼做的效果比肢體語言的影響更深更廣。

書本就是一項超越時間與地點的限制、足以將智慧傳達給他人的工具。

正因如此，**我們閱讀時才會入戲，並透過角色變化展開和現實生活中相同的模擬體驗**。無論是什麼類型的書，都會像前述所說，讓大腦的感覺與運動領域全速運轉。

也就是說，**對腦部來說，所有的書本都是人生指南**。

藉此體驗他人的人生或對世界的看法後，才能夠活用在閱讀後的人生中。

回到這節的問題核心，為什麼開創未來的科技巨頭都是傑出的閱讀家呢？

因為他們知道可以透過書本體驗無數人生。

就算是富豪，也受限於一副身體、一天24小時，更何況人都需要休息。若凡事都要從自身經驗中學習的話，範圍會相當有限。正因如此，我們才需要閱讀。

閱讀能讓我們在腦中與角色一起冒險，或猶如接受個別指導般獲得偉人的思想。

上一章提到，憧憬能夠衝破自己的限制。而閱讀不僅能幫助我們邂逅憧憬的對象，還可以與他們並肩同行。

前人們就用豐富的話語表達出了閱讀的這股力量。

《君主論》的作者馬基維利就在手稿上記載：

「我不為與它們（書本）對話、探索其行動緣由感到羞恥，它們也親切地做出回答。**即使閱讀4個小時，我也絲毫不覺得無趣，而是忘卻各種煩憂，不對貧困感到恐懼、對死亡感到畏懼，完完全全沉浸其中**。」

評論家蘇珊・桑塔格年輕時也曾看著書架如此表示：

「我正看著50名友人。**閱讀就如同踏入鏡中，前往其他地方**。」

最經典的則是文豪赫曼・赫塞的話語：

「想要徹底瞭解世界的規則與傳統並完美實踐，光是擁有一個人生並不足夠。**若是少了語言、少了文件、少了書本，世界就不會出現歷史與人類這些概念**。」

由此可知，書本可說是學習前人生存智慧的VR裝置。

接下來就要談到書本帶來的奇妙感動。

⑥ 讓書成為人生的陪跑者與啦啦隊！在腦中迴響的激勵聲

各位或許有過這樣的體驗：**「我可以聽見書中角色的聲音！」**

二〇一四年，愛丁堡國際圖書節與英國《衛報》聯手調查，讀者在閱讀時會聽見什麼樣的角色聲音。結果413名提供詳細回答的受試者當中，**每7人就有1人能夠聽見清晰的聲音，簡直就像角色和自己同在一個屋簷下；此外，每5人就有1人表示，即使沒有在閱讀那本書，仍會覺得書中角色實際存活在自己體內**。

對此，研究團隊表示：「很多人著迷於書本時，就會無意識且持續地體驗許多與角色有關的事情。」

這件事或可止步於幻覺或幻聽，但其背後其實隱藏著莫大的希望。

二〇一八年，紐約大學的田興等人就發表了一項有趣的研究：

「愈是期待這通電話，聽到的鈴聲就愈響亮。」

相信大家都有過「專注於閱讀時，就聽不見周遭聲音」的經驗吧？

這項研究調查的就是腦中的聲音會對之後真正聽到的聲音產生怎樣的影響。

研究團隊先請16名受試者針對「Da」這個音節，想像4次大小不同的音量。接著請受試者親自說出來並錄音。最後聆聽錄音時，讓受試者判斷音量為5個等級中的哪一級。**結果相當有趣，受試者一開始想像中的聲音愈大，之後實際聽到聲音時的感知程度就會愈低**。

另一項實驗則發現，想像的次數愈多，後續實際聽到聲音的感知程度就會愈低。此外，這場實驗還透過腦磁圖與腦電圖，發現受到刺激後約0.1秒，感知程度就會產生變化。

研究團隊共執行了6場實驗，得到下列結論：

「精神上的想像對聽覺感知、分析周遭聲音的能力，會產生立即且直接的影響。」

這代表什麼意思呢？

我們每天都會在現實生活或網路上，「聽見」詆毀或中傷人格的話語；每當有人述說龐大的夢想時，就經常遭到嘲笑與否定。許多人直面遭受這樣的對待，並受到深刻的傷害後，就會不敢邁步挑戰。

但是，若曾透過閱讀，與角色一起經歷過思考與感性的冒險，就能聽見更響亮且正面的鼓勵話語。

換言之，**書本可說是人生的陪跑者與啦啦隊**。

我們前面都將書本與閱讀視為一體談論，但是請各位思考一下，書本的厚薄不一，想要經歷理性與感性的冒險，究竟需要閱讀多少份量呢？

接下來要介紹一樁很有趣的事件。

⑦ 文豪海明威的挑戰——只用6個字就寫好一篇故事？

美國廣告業界流傳著這樣的小故事。

菜鳥記者：「這篇報導很重要，沒辦法再縮短了！」

老鳥記者：「去看一下《聖經》的創世紀第一章，**用600字就講完開創天地了**。」

話語是打動人心的工具，但是其長度與帶來的感動卻未必成比例。有時候，短而有力的話語反而更能打動人心。

那麼，這裡有個問題：

「打動人心的故事，最少需要幾個字呢？」

文豪海明威就曾接到一位作家朋友發出的挑戰：

「你能夠用僅僅6個字，創作出打動人心的故事嗎？」

海明威接受挑戰，並創作出了這樣的故事：

For Sale：Baby shoes, never worn（出售：童鞋，全新）

而這短短的6個字，卻足以激起我們心中各種情感。

「那名嬰兒究竟發生了什麼事情？」

「這對父母是用什麼樣的心情上架這雙鞋子的呢？」

「為什麼想賣這個？」

「如果是我的話，會怎麼做？」

悲傷、罪惡感、失落感……僅僅6個字就搔動著人心。海明威甚至說過這篇6字故事在他的作品中**名列前茅**。

那麼，如果改成1個字的話呢？是否能夠用1個自就影響人心呢？

想必這個**答案就是……「Yes」吧**！

⑧ 人們光憑1個字就能改變行動

一九九六年，紐約大學的約翰·巴爾夫等人展開了傳說等級的實驗。他們以創造語言的名目，邀請30位學生協助，實驗過程採個別進行。

研究團隊請學生從5個單字中選擇4個，造出文法正確的句子，並按照自己的步調造出30句。實際上，研究團隊刻意私下將受試者分成2組。

A組看到的都是會聯想到老年人的單字，像是老舊、退休、皺紋、單獨、賓果、毛衣、佛羅里達等，但是不會直接出現老人或高齡者等單字。

B組看到的則都是中性單字，不會聯想到年齡。

結束後，研究團隊會親自目送受試者離開。

然而真正的實驗現在才開始。

受試者離開後，必須從實驗室入口走向電梯，這段走廊的距離約10公尺，而團隊會以碼錶測量每個人走了幾秒。

結果相當有趣，**之前透過單字聯想到老年人的A組，平均步行速度會比看到中性單字的B組慢約12%**。後來研究團隊又另外找了30個人來驗證，同樣獲得類似的結果。可見**這些年輕人僅是看到聯想到老年人的單字，就採取了老年人般的行動**。

過程中，沒有任何受試者猜到這場實驗的意圖，因此這都是他們下意識的反應。人們受到特定刺激後，就會下意識採取與該刺激有關的行動。本實驗將這個行為稱為「佛羅里達效應」，指出簡單的一個字就能影響人們的行動。

那麼反過來會怎樣呢？

不是用話語影響行動，而是用行動影響話語的話，是否也會獲得同樣的效果？

二〇〇六年，湯瑪斯・麥斯威勒請來33名大學生，進行了一場實驗。

首先請他們獨自在房間裡步行5分鐘，接著將他們分成以下2組，並戴上耳機，藉由節拍器的聲音調整步伐。

【A組】以1分鐘30步的速度慢走

【B組】以1分鐘90步的速度走動

在這之後，研究團隊排列出文字，請受試者找出意思正確的單字。

結果相當有趣。**這40個單字當中，有8個會聯想到老年人，而緩慢走路的A組解答這8個單字時，比B組快了約85%的速度**。

由此可知，**即使是非常細微的事情，話語與行動都會透過想像力互相影響**。

前人也指出了這個問題。

德蕾莎曾說過：**「請謹慎思考，因為思考會化為言語；請謹慎說話，因為言語會化為行動。」**

此外，古代的空海也在《即身成佛義》提到「三密加持速疾顯」。

三密指的是**身密、口密、心密，分別對應行為、話語與想像**。

也就是說，意識到行為、話語與想像之間的關聯性，就能體悟佛教的真理。
即使我們不是修行者，仍可藉此發揮自己最優秀的能力。

而這三者中，具有重要銜接功能的即是**想像**。
那麼，我們要如何學習優良的「話語」呢？
看到這裡，想必各位已經明白了，那就是**閱讀**。
書本是話語的寶庫，我們隨時都能藉此接觸到現實世界中必須夠幸運才能夠邂逅的金玉良言。而且如前所述，我們光是翻開書本，大腦就會自動與書中內容同步，將其化為自己的一部分。

閱讀，是邁向理想人生的捷徑！

話雖如此，這個理論不免產生一個疑慮：如果1個字就足以改變我們的行動，那我們會不會僅僅因為1個字就**「變調」**呢？
很遺憾地，這個疑慮是確實存在的問題。

⑨ 從西元前開始研究的力量——不知不覺間驅動人們的1個字

人生是場旅行、商場就是戰場、夫妻是戰友。

各位或許都聽過類似的話，但有沒有注意過這些話都有一個共通點呢？

雖然是比喻，卻不會寫成「舉例來說，就像〇〇」對吧？

這種簡潔有力的表達方式，就稱為**暗喻或隱喻**。

乍看之下只是使用修辭的精煉詞句，實際上卻對我們的思想有驚人的影響力。

二〇一〇年，史丹佛大學的波爾・蒂博多等人發表了很有趣的研究。他們請126位史丹佛大學的學生，閱讀虛擬都市愛迪生的犯罪統計。而這份犯罪統計其實有2個版本，差異在於開頭文字。

【版本1】

「犯罪是將愛迪生市視為餌食的野獸。事實上，近來每個地區都潛藏著犯罪事件。」

【版本2】

「犯罪是將愛迪生市視為餌食的病毒。事實上，近來每個地區都苦惱於犯罪事件。」

這裡使用了「野獸」與「病毒」這2種不同的隱喻。

接著，研究團隊詢問學生，該怎麼做才能夠減少犯罪率，並在學生提出方針時，請他們標出引導出此一靈感的文句。

結果相當有趣。一半以上的學生都提議「嚴格取締」，但是比例因文章版本而異。閱讀「野獸」版本的比例高達74%，「病毒」版本的則是56%。

確實，看到「野獸」一詞，會讓人更容易聯想到牢籠或驅逐對吧？

然而，學生指出引起他們靈感的是後續的犯罪統計數值，**根本沒人標出隱喻的部分**。在這之後，研究團隊又執行了4場相同的實驗，只是將研究對象改成一般市民，並獲得以下結論：

「即使是最小限度的一句隱喻，也會大幅影響人們對現實世界重要領域的推論。」

由此可知，隱喻不只是一種修辭技巧，它會在不知不覺間為人們的思想設下框架，是足以改變思想路徑的恐怖武器。

古希臘大哲學家亞里斯多德在《詩學》中提到：**「熟練的隱喻是最強大的武器。」**

對人類影響很大的書籍之一《聖經》中，也可看出基督教靈活運用了隱喻，例如：「我是葡萄樹，你們是枝條。」（《新約聖經：約翰福音》15：5耶穌的話）。

可見人類從西元前就將隱喻視為打動人心的方法並研究至今。

⑩ 無法專注的時代更需要看書——人維持專注力的時間比金魚短

二〇一四年，哈佛大學的知名社會心理學家丹尼爾・吉爾伯特等人發表了一項研究。研究團隊請受試者交出手機之後，花6～15分鐘思考，除此之外什麼都不做。

實驗總共執行11次，而且實驗對象都不同，結果**幾乎所有人都無法透過單純的思考正視自己的心靈，總會忍不住想做其他事情**。

其中第10次的實驗最具衝擊性。

研究團隊提議若是感到無聊，可以施以輕微的電擊，但他們本以為無論多麼無聊，都不會有人想要被電……

沒想到結果**有67％的男性與25％的女性，都提出至少1次希望被電擊的要求！其中甚至有男性要求被電190次。**

「我受不了什麼都不做。」「我受不了毫無刺激。」

身處數位全盛時代，我們都沉迷於追求刺激。

網路沒有空白的時候，會有源源不斷的通知與更新，讓人快速轉移注意力。

網路世界的供應者也相當聰明，驅使著最新的腦科學，讓我們抗拒不了的刺激直接傳進腦袋。這些刺激在不知不覺間影響我們的決定，也剝奪了我們專注於特定事物的能力。

二〇一五年，微軟發表了這樣的報告：

「現在人們專注於同一件事情的時間，平均為8秒鐘。」

這是加拿大研究者邀請2千名受試者，透過腦波調查其中112人的腦部活動後，得出的結論。順道一提，**金魚維持專注的時間是9秒**。

而在被稱為數位元年的二〇〇〇年的調查中，人維持專注的時間還有12秒。

人們一年比一年更難以專注於特定事物，專注逐漸使人痛苦。這是很嚴重的問題。

如本章開頭所述，人腦只能認知到注意力所及之處。沒有認知到的事物，就等於不存在。因此這問題甚至攸關到每個人的存在問題，畢竟我們最留心的就是自己。

但是請放心，我們都已經認識了能夠在這個狀況中拯救大家的救世主。

那就是書本，也就是閱讀。

只要翻開書本，人類就會專注於故事之中，並且在腦中與書中角色、作者的思想產生同步現象，展開感性與理性的冒險。其中，有些故事甚至會讓人猶如體驗另一個人生，為自己的內在改頭換面。

這裡並非要否定數位，我們也難以避免受到他人影響，但是**我們可以選擇影響自己的事物**。那就是善用書本，讓閱讀為現實生活帶來奇蹟。

那麼，書本究竟能夠對人生做出多少改變呢？

下一章節就要介紹史上透過書本逆轉人生的5個真實事件。

第2章
重點整理

☑ 構築科技社會的3大巨頭（比爾・蓋茲、賈伯斯、艾倫・凱），就起始於龐大的閱讀量！

☑ 光是睜開眼睛是什麼也看不見的，必須專注才得以看見並理解。

☑ 閱讀時的腦袋正在用理性與感性展開「假設驗證的冒險」。

☑ 所有書本都是人生的指引，現實能夠透過閱讀在腦中重現。

☑ 帶入情感，就能夠將書中的感動延續至日常，讓書本成為心靈啦啦隊。

☑ 只要1個字就能改變行為，這是人們從西元前就開始研究的力量。

第3章

從谷底掌握偉大的未來！
以5個真實事件閱讀偉人

① 人類在150萬年前突然變靈活的原因

就從這個話題開始吧——據說人類在約260萬年前開始使用石器。當時的人僅是從河川撿起石頭，再拿另外的石頭敲打出需要的形狀，非常簡單。

在那之後，石器足足發展了約110萬年。然後在約150萬年前，突然誕生了可以說是原始人代名詞的手斧。

石器原本只是運用石頭本身的形狀，到了手斧的年代，就多了高度的目的性與設計感，並產生了「要重現相同形狀」的思維雛型。

沒錯！**我們人類其實是在150萬年前，才突然變得靈活並且懂得生產！**

為什麼會產生如此「突變」呢？

二〇一〇年，人工智慧學者奧爾多・費薩爾等人就想出了獨特的手法以探究原因。他們請現代工匠實際打造石器與石斧，並在左手指關節上裝設18個感測器，以測量動作的精度。

結果相當有趣。打造過程的手指運動精度並無明顯差異，但是腦部活動卻有相當大的變化。右腦在製作手斧時，比在製作石器時還要活絡。活化的範圍包括右腦頂下小葉的緣上回（SMG）、右側PMv、前布氏區中相當於右半球的領域等。

這部分主要處理的是「語言脈絡與語調」。

也就是說，**打造這2種工具的過程中，最大的差異在於語言能力**。

這是怎麼回事呢？研究團隊表示：

「因為打造石器僅需要低階技術，打造手斧則要追求較高階的目標，必須從低階技術切換過來。」

換言之，**打造手斧比打造石器多了「階段性」與「計畫」**。

打造手斧的過程較複雜，必須削切、打磨等。大腦為了提升工作效率，會強化語言能力以制定計畫。

這就是人類突變的真相。

並不是身體能力有了飛躍性的成長。**即使身體條件或環境相同，語言能力發達就有助於規劃出更有效果的階段，進而得出大幅進步的成果**。

這不僅在談歷史，而是探討「如何大幅改變人生」的方法。想要實現目標，就需要努力與行動。

但是無論多麼努力打磨石器，都沒辦法生產出手斧。所以希望人生大幅成長的話，就必須制定新的計畫才行。

而要制訂新的計畫，就需要新的詞彙。因為當前所知的詞彙，僅足以制定當前的計畫；想要獲得新的詞彙，就必須展開修行，也就是「人生的籌備期間」。

那麼該從哪裡獲得新的詞彙呢？當然，肯定要向外探求，具體來說就是書本或他人。看到這裡，相信很多人都會著眼於後者，期待遇見許多優秀的人對吧？

確實，人生中若有高位者能夠拉自己一把，自然會有大幅度的進展，但是建立這樣的人脈往往得靠緣分才行。

其實不盡然，就讓我來告訴各位這些人的所在之處吧！

那就是**書本裡**。

本章要介紹的5名偉人，就是透過書本大幅翻轉人生的。他們原本都跌到谷底，最終卻實現了賦予人類希望的新發現或成就。

接下來要告訴各位的，就是這種透過書本逆轉人生的實例。

②
電學之父——麥可・法拉第：透過書籍輸出知識，機會自然就會造訪

麥可・法拉第（一七九一～一八六七年）發現了電磁感應定律、抗磁性與電解定律等。若是少了這些發現，就不會有現在的數位生活。

那麼是哪一本書改變了法拉第的命運呢？

法拉第出生在有10個小孩的貧困家庭，因此12歲就得離鄉背井，而且未受過閱讀與書寫以外的正規教育。然而，好奇心比他人旺盛的法拉第，在各式各樣的地方都觀

察著大自然。

某天他經過了書店前。當時的書店不僅賣書，同時也是裝訂書本的工坊。踏進書店的法拉第震驚不已，因為在這之前他唯一知道的書籍就是《聖經》。

沒想到除了《聖經》以外，世界上還有這麼多書！簡直就像魔法空間一樣。

書店店主喬治・雷伯一直觀察著法拉第，這是他第一次看到對書本如此敬畏的客人。深受感動的店主告訴法拉第，若有喜歡的書儘管翻開來看。甚至為了對家人有交代，還提供了配送的工作方便他閱讀，這讓法拉第感動不已。

後來店主也邀請法拉第當實習製書工，讓他展開了7年的學徒生活。店主成為師傅之後依然相當親切，告訴他沒有工作時可以儘管閱讀。獲得如此恩惠的法拉第比任何人都還要努力，認真鑽研各式各樣的書籍。

在這期間，他邂逅了電氣相關的書籍，**而這也讓他遇見「用實驗解開自然祕密」這句開創未來的新詞彙**。

但是當時的英國只有上流階層能夠從事自然科學研究，沒有法拉第參與的餘地。

就在他備感失望時，眼前出現了一本剛進貨的書籍——**以撒・華茲的《The Improvement of the Mind》**，這是所謂的自我修養論，形同現代的自我啟發、商務書籍。這本書為法拉第帶來源源不絕的熱情。而作者的訊息非常明確：

「無關社會階級，任何人只要學習就能改變人生！」

不僅如此，書中還提出具體的行動計畫，表示只要實踐自然會有收穫。法拉第反覆閱讀這本書，無論去到哪裡都隨身攜帶。

與此同時，他決定實踐下列3項計畫：

①不要只透過書本得知實驗結果，自己也要親自做一次

②不要只透過書本學習，也要向教師求教

③學習時要仔細做筆記，統整後記下來

法拉第將自己的決心告訴店主兼師傅雷伯後，雷伯立刻表明願意協助，甚至在書店後方為他設置實驗空間。

在這之後，法拉第開始尋找價格平易近人的公開講座，培養科學的基礎素養。尤其是出席知名科學家約翰・塔圖的系列講座時，更是做了詳實紀錄並畫下實驗器具。結果**花了1年的時間，就集結成猶如科學事典的綱要**。店主雷伯對愛徒的力作感到十分驚豔，開始推薦給書店常客。

其中一位常客名叫威廉・丹斯，他對這本釐清複雜主題的綱要驚為天人，便招待法拉第參加**知名化學家韓福瑞・戴維的系列講座**。

後來成為法拉第導師的戴維，是當時電氣化學的先驅，同時也是人稱「科學戰士」的實驗家。出身中產階級的戴維並未受過科學的專業教育，僅透過自學反覆操作劃時代的實驗，並在知名導師的拉拔下出人頭地。這樣的他看見出身貧困家庭的法拉第後，自然不由得萌生同情的心理。

戴維的系列講座辦在只有上流階層才能踏進的皇家研究所化學研究室中，而法拉第總是坐在最前排積極地參與講座。

不久，為期7年的學徒契約結束，儘管法拉第非常感謝師傅，卻打從心底想要走上科學之路而非成為製書工。於是他寫信給皇家研究院表達求職意願，無論是何處的研究所或工作都願意。

過沒多久，竟然收到**鼎鼎大名的戴維親自回信。眼睛受傷的戴維需要人協助製作實驗紀錄與實驗的準備工作，所以便邀請法拉第做自己的助手**。

而法拉第之所以獲得這份工作機會，就是多虧了之前在書店看到他寫的綱要後大為感動的威廉・丹斯推薦。

儘管在戴維身邊做助手的日子相當辛苦，但也成為法拉第最棒的學習時光，每天都能親自接觸到自學所無法獲得的最新實際技術指導。

最終，法拉第被允許自主研究，戴維也邀請他一同參與歐洲的實驗巡迴之旅。

一八二一年九月，法拉第結束漫長的助手時代後，開始挑戰與電磁有關的劃時代研究。他將磁鐵放進裝有水銀的杯子固定住，並用金屬線綁住軟木塞並放進水銀中，使其浮起。結果電流通過金屬線時，軟木塞就在磁鐵旁開始轉動！**這就是史上第一次物體透過電產生連續動作的瞬間**。

一八三一年，法拉第以「電磁感應定律」發表了這個發現，並成為現代電動馬達的原理基礎。

出身於貧困家庭的法拉第之所以能成為實驗科學之父，關鍵就在於**積極輸出所學事物**的態度。他在閱讀《The Improvement of the Mind》之後，自行決定好3個實踐項目，學習時也會勤做筆記。

簡而言之，閱讀時最重要的就是**「1本書、3重點、1實踐」**。

每閱讀1本書就必須學到3個重點，並且至少在現實世界中實踐其中1個重點。

然而，很少人會真的做到這件事。

大多數的人即使遇到好書，也只是讀過而已，但是這麼做其實相當可惜。將書中獲得的知識輸出到現實生活或職場上，才能夠像法拉第一樣改變命運。

閱讀時很重要的
1本書、3重點、1實踐

③ 數學魔術師——拉馬努金：熟讀一本書，就足以改變大腦

天才輩出的數學世界中，仍有格外耀眼的數學家，那就是拉馬努金（一八八七～一九二〇年）。

拉馬努金出生於種姓制度嚴格的印度，從未接受過正規數學教育，卻在短短32年的人生中發表了近4千個定律與公式，人稱數學魔術師。對現代數學家來說，他仍舊是極其偉大的存在。

他生前曾如此敘述自己的靈感來源：**「娜瑪卡爾女神將公式寫在舌頭上。」**這或許是源於宗教背景的發言，但他無限的靈感確實只能如此形容，根本無人可以效仿。

不過，追溯他的人生，可以看出1個線索。

那就是拉馬努金15歲時**邂逅的書——《Synopsis of Pure Mathematics》**。

作者是位非凡的數學教師，名叫喬治・肖布里奇・卡爾。這本書原本是為了數學科畢業考所寫的重點集，但是翻開頁面會發現僅羅列出滿滿的公式，幾乎沒有解說。

然而，這裡面卻藏著拉馬努金所追求的世界。**書中的公式與定律多達6千個，而這就是拉馬努金邂逅新詞彙以開創新未來的瞬間。當時的拉馬努金決定憑自己的力量，實際解開每一個公式**。這可以說是令人光想就快昏倒的挑戰。

他整天坐在家門前的長凳上，不做其他事，只是用石板努力解開方程式。

他宣稱在「女神引領」下創造出的公式，就是在這段期間不斷湧出。

結果，他的大學成績一落千丈，遭到退學。

儘管如此，他在港灣事務所擔任事務員的同時，仍持續記下發現的新公式，並將其中一部分送到英國數學教授們的手上。

最終，這些數學公式吸引了一位劍橋大學教授的目光。戈弗雷・哈羅德・哈代教授將拉馬努金招聘至英國，讓他得以專注於研究上。

拉馬努金在嚴格的種姓制度環境下長大、從未獲得完善的正規教育，卻能夠成為數學魔術師，最初的契機就是因為一本書。

現今的學習法研究權威史考特・楊就表示：

「拉馬努金對數學方程式抱持著奇特的執著，與卡爾所著書中大量的定律奮鬥時，**不知不覺間就對某種事物有了更深層的理解，這段期間的他可以說是實踐了最強而有力的方法**。」

如前章所述，閱讀**能夠使腦部與書中角色、作者同步**。如此一來，**獲得的就不只有資訊，還包括產生出這些資訊的思考方式**。

因此，我們所需要的**就是找到改變自己命運的一本書，然後徹底精讀內容。而想要在茫茫書海中找到命運之書，就必須利用速讀來縮短探尋的時間**。

只要習得正確的閱讀方法，即使是毫不平易近人的書本，也有機會將你的腦袋升級到令人難以置信的地步。

④斯多葛主義始祖——芝諾：深受書籍感動而拜訪作者，從此改變一生

自我啟發的經驗談中，常見這類分享：

「事業失敗而身無分文時，不經意踏進書店翻到一本書，結果裡面短短一句話竟讓我找到人生道路。」

事實上，這樣的經歷從2300年前的古希臘時代就有過。

本節就要介紹如此令人驚訝的真實事件。

這個故事的主角名叫芝諾（西元前三三五～西元前二六三年），是來自賽普勒斯島的商人。因為供應皇帝御用的紫色染料，年紀輕輕就成為大富豪。

然而，命運是相當殘酷的，一場暴風雨造成芝諾的商船沉沒。他漂流到沙灘後，望著所有染料溶入海中，感到茫然無措。

破產的芝諾不得不在古雅典行乞，迷惘之際來到了阿波羅神殿。

在此巫女告訴他一段神諭：「不要從已死貝殼取色，要從已死之人取色。」

這實在是難以理解的謎樣神諭。唯一可以明白的，就是對身無分文的芝諾毫無幫助。最後，更加絕望的芝諾來到了某個地方——**書店**。

當時的書本是以埃及採收的水草莖製成莎草紙後，再打造而成的。古希臘的閱讀風氣鼎盛，西元前5世紀已經有收集手抄本的書店。

芝諾不經意拿起一本書。那是蘇格拉底的弟子**色諾芬所著的《回憶蘇格拉底》**。這本書問世於蘇格拉底死後，彙整了他生前的言行。

芝諾看到後備受衝擊，因為當時希臘認為僅地位崇高者才堪稱具有美德。

但是，**蘇格拉底認為只要鍛鍊自己的智慧，任誰都能夠擁有美德。而這正是芝諾遇見改變未來新詞彙的瞬間**。

他頓時想起之前的神諭——要從已死之人取色。難道指的就是**要繼承蘇格拉底這類已經過世的偉大哲學家的教誨嗎？**

芝諾大為振奮，便詢問書店的店主：

「我該去哪裡才能見到如這本書所述的人呢？」

這個問題想必會讓店主頗為傷腦筋吧？但是幸運女神卻在這時造訪，當時的犬儒學派哲學家——底比斯的克拉特斯正好行經書店。

犬儒學派是蘇格拉底的弟子安提西尼開創的學派。

因此店主表示：「跟著那位男性走吧。」於是芝諾便按照店主的建議，向克拉特斯搭話並當場拜入門下。

此後，芝諾花了20年參加各式各樣的學院，從各派哲學上「取色」。

後來還在能夠環視整座阿哥拉廣場的彩色柱廊下講學。這裡的「彩色」彷彿就是一種暗示。

並非出身高貴的芝諾，年紀輕輕就在商場打滾，後來更經歷無家可歸的生活，在這般跌宕起伏的人生經驗中誕生出哲學思維，並漸漸受到支持，進而形成**斯多葛派**。

斯多葛派之名就源自於講學會場的「柱廊（Stoa）」，同時隱含著具實踐性與人性之意，象徵要具有如柱子般深植地面、朝著天空延伸的精神。

活到72歲的芝諾門生眾多，斯多葛派也不斷發揚光大，並在**約500年後誕生了馬可・奧理略這位曾寫下《沉思錄》的哲學家皇帝**。

後來斯多葛派哲學也成為認知療法的原點，在嚴苛的現實中運用了先人的智慧。《活出意義來》的作者——精神科醫師維克多・弗蘭克、大財團創辦人約翰・戴維森・洛克斐勒、大發明家兼大實業家的愛迪生，以及曾任Twitter、支付平台Square執行長的傑克・多西等優秀的後世名人，也都將斯多葛派視為心靈寄託。

曾經事業失敗而淪落成乞丐的芝諾，能夠開創對後世造成莫大影響的哲學學派，關鍵就在於**從書中獲得感動後，就直接前去向作者或相關社群學習的態度**。

書本是非常方便的工具，能夠隨時隨地深入作者的思想。但是不可否認的，書本所寫的都是作者過去的思想。若是為自己帶來啟發的作者還在人世，且有公開活動可以參加的話，請各位務必積極前往。

我年輕時也曾在受到書本感動後，透過出版社寄送感謝的明信片，並因此與作者取得聯繫，甚至幫助我決定了未來的道路。

現在有許多作者都親自經營社群網站或是官網，藉此向讀者傳遞訊息，所以請務必活用這些管道，獲得有助於決定人生道路的機會。

⑤ 航天之父——齊奧爾科夫斯基：遇見書籍的導覽者能夠加速學習

「天才都沒上學。」「成功人士都無法融入學校教育。」

這是很常聽到的說法對吧？確實有許多天才與成功人士，都在人生的某個階段脫離常軌，選擇了自學這條路。但是這裡有個很重要的關鍵，那就是**儘管有不去上學的天才，卻沒有不需要師傅的天才**。

本節要介紹的就是齊奧爾科夫斯基（一八五七～一九三五年）。

他在一九〇三年發表了《利用反作用力設施探索宇宙空間》的論文，並提出火箭理論，是為航天時代揭開序幕的偉人。

不僅如此，太空站、太空電梯、太空殖民地、太陽帆等構想，都是他於距今120年前所提倡的，因此被稱為**航天之父**。

齊奧爾科夫斯基自幼失聰且家庭貧困，在14歲時就離開學校，**後來完全是透過圖書館的書籍，學習了高等數學與自然科學等領域**。

光憑圖書館的書籍學習，可以說是相當正統的自學方法，但是他的自學方法卻有些不同。

事實上，齊奧爾科夫斯基在自學的圖書館中，遇見了人生最棒的導師，那就是**尼古拉・費奧多羅夫**。

他是對許多知識份子帶來影響的思想家，甚至被稱為莫斯科的蘇格拉底。然而，如此偉大的人晚年卻只是個圖書館館員。

費奧多羅夫任職於魯緬采夫博物館裡的圖書館，也就是齊奧爾科夫斯基自學的地方。當他看到這位從開館到閉館都充滿熱情地閱讀的少年時，內心不禁深受感動，便主動搭話，建議齊奧爾科夫斯基用更具系統性的方式學習自然科學。

不僅如此，費奧多羅夫後來開始**每天為齊奧爾科夫斯基選擇應學習的書籍並擺在桌上**。其中甚至有很多當時受制於政治問題而被列為禁書的學術書籍。

齊奧爾科夫斯基就這樣朝著正確的道路自學，愈來愈熟悉高等數學與自然科學。

這段期間對他刺激最深的是費奧多羅夫這段話：

「只要科學持續進步，人類遲早會長生不死。如此一來，地球就會因為人口增加而住不下，最終必須離開地球。」

這正是齊奧爾科夫斯基邂逅打造未來新詞彙的瞬間。

此後，他想出了運用離心力將人類運送到大氣層之外的方法，並進一步導出火箭運動理論。

齊奧爾科夫斯基回顧這段日子時，曾表示：

「費奧多羅夫可以說是代替大學教授指導了我。」

失聰後無法上學的齊奧爾科夫斯基之所以在日後成為太空探索時代的先驅，契機就在於**遇到為自己介紹好書的良師益友**。

將自學時遇到的指導者形容成益友，似乎有些奇怪。但是從這個故事就可以明白，真正的自學並非獨自學習，而是要找到能夠指引自己的導師或益友。

以現在來說，若有讀書會等活動就請務必參加。這類活動能夠以書本為媒介，幫助我們遇見方向明確的良師益友。

⑥ 超越大陸的赤腳青年——勒格森・凱拉：為了迅速實踐而閱讀

這是距今約60年前的真實事件。有位名叫勒格森・凱拉的男性，出生在非洲尼亞薩蘭（現在的馬拉威）的貧困村莊。

他每天最期待的就是前往傳教士舉辦的週日學校，可惜學習對貧困的村莊來說並不重要。

面對渴望更多學習的他，**傳教士拿出了2本書，分別是亞伯拉罕・林肯與布克・華盛頓的傳記**。前者是致力於解放黑人奴隸的總統，後者則是跳脫黑人奴隸身分後鼎鼎大名的教育家。

這2人的故事為凱拉描繪了明亮的未來，他不禁升起這樣的念頭：

「我想去美國讀大學。」

這樣的想法可說是相當魯莽。別說跨海了，從凱拉所在的村莊到港都開羅，就相距了4800公里。**更何況他連鞋子都沒有**。

儘管如此，凱拉仍是展開了長途跋涉的旅程。

他那對從未離開過村莊的雙親，同意他出發前往壓根兒不曉得在哪裡的美國。

凱拉的行李只有5天份的糧食、小斧頭、毛巾與剛才提到的2本書。而這是一九五八年發生的事情。

15個月後，徒步1600公里的凱拉到達名為坎帕拉的城市，並決定暫時停留，

因為這裡有著巨大的圖書館。凱拉下定決心，要在這裡閱讀各式各樣的書籍。

只要盡全力去做，未來的可能性就會展現在眼前。

某天，凱拉發現一本手冊，介紹著華盛頓州的斯卡吉特峽谷學院。**於是他寫信給該校的校長**。

信中提到自己的出身、徒步1600公里的旅程以及夢想。儘管郵資對他而言相當驚人，他卻不吝從工作所得中撥出一部分，在收到回信之前又寄了好幾封。

結果凱拉的信去了哪裡呢？

事實上，凱拉的信順利地寄到了斯卡吉特峽谷學院校長的手中，並深深地打動了校長的心。

校長不僅同意凱拉入學，連求學期間的工作都協助安排好了。這讓凱拉非常感動，但是一個嚴重的問題卻擺在眼前——**凱拉在這之前根本不曉得護照的存在**。想要申請護照必須取得出生證明書，這對他來說卻非常困難。

然而，不放棄的他毫不猶豫地找上當初送自己書的傳教士，寫信請求對方的協助。深受感動的傳教士向政府協調，終於成功讓凱拉申請到了護照。

接下來，他只剩下一個困難要克服，那就是前往美國的機票錢。

凱拉一路走來，已經累積了許多小小的成功，他對此毫不畏懼。對他而言，能做的就是傾盡自己的全力。

為此的「第一步」就是放棄赤腳，購買前往美國讀大學要穿的「鞋子」。

與此同時，斯卡吉特峽谷學院也正熱烈討論著凱拉，甚至發起了全校，不，是整座城鎮的募款活動。沒想到竟因此一口氣湊到了650美金（換算成現在物價約300萬圓）的機票錢。

一九六〇年十二月，凱拉順利進入了斯卡吉特峽谷學院。

僅僅2年的時間，赤腳青年就成為美國大學的學生。

看到這裡，各位不妨捫心自問一下：

「2年前我所擁有的，有比凱拉還要少嗎？」

「凱拉在這2年內引發的奇蹟，也能夠發生在我身上嗎？」

我們總是下意識地為自己找藉口，諸如：

「時機還沒有到。」

「我還沒準備好。」

閱讀後的行為也一樣。拿書中內容與自己比較後陷入沮喪，為了讓自己的心情比較好而去找別的書，都只是在拖延自己行動的時間而已。

「赤腳也無妨，馬上開始行動吧！」

採取行動的速度愈快，才能真正地活用書本，而這正是在人生中引發奇蹟的唯一方法。

以上介紹了5名偉人的閱讀法。

用更簡潔有力的方式來說，真正的速讀就是：

解讀偉人＝泛讀X精讀X速動＝高投資報酬率的「ROI速讀法」

如此一來，就能**快速判斷手上這本書是否能改變自己的命運**。

接著，**只要感受到可能性，就要迅速從中掌握3個有機會在現實生活中活用的重點，並盡快擇一展開行動。做到這一步，才是我所認為的速讀**。

之後需要的，**就是召集學習同本書的夥伴，分享各自從中獲得的心得。**

重點在於**不要僅止於獨自閱讀，而是聚集擁有各式知識與經驗的同伴，慢慢凝聚出有目的性的革新社群**。

這就是我心目中的讀書會。

那麼，想要執行ROI速讀法及讀書會的話，到底該怎麼做呢？

下一章開始，我將會詳細介紹。

第3章
重點整理

☑ 讓凡人化身為偉人的5項「解讀偉人」方法：

①閱讀後要想辦法輸出，程序是「1本書、3重點、1實踐」。

②遇見改變命運的書時，就要徹底精讀，還原作者的思考迴路。

③遇到感動的書時，試著尋找作者或其所在社群，親自見一面。

④找到能夠帶領自己找到好書的良師益友。

⑤閱讀完一本書，就要在翻開下本書前迅速行動。

☑ 真正的速讀是「解讀偉人＝泛讀Ｘ精讀Ｘ速動」，此即高投資報酬率的ＲＯＩ速讀法。

第4章

從3萬本書中嚴選出能解放金錢與時間的9本智慧之書

① 投資報酬率1千萬圓以上的9本嚴選書籍

1本書、3重點、1實踐。

這是上一章推薦的閱讀方法，閱讀後請務必決定好一個要實踐的項目。這麼做所獲得的結果，肯定會讓人生蒸蒸日上。

而本章則要從我的3萬本藏書中，選出對我的人生影響最深遠的9本書。

這些書並非只有帶來感動，甚至實際提升了我的收入或營業額、幫助我免於遭受身心重創，讓我的閱讀投資報酬率更上一層樓。

不僅如此，**每本書都為我帶來最少1千萬圓以上的豐碩成果**。

假設當初我以1500圓購買一本書，帶來1千萬圓的營業額，就是等同於將近700倍的投資報酬率。而這就是ROI速讀法的魅力。

本章不僅講述內容大綱，還會談到在研究與實踐中逐漸成形的望月流最新解析。

②《If You Can Count to Four》：寶地圖的起點與改變現實的想像力

首先要介紹的第1本書是詹姆斯・瓊斯撰寫的《If You Can Count to Four》（暫譯：成功的四個公式）。

本書是**我提倡的夢想實現法「寶地圖」的起始**。

我在國中二年級，也就是14歲時遇見這本書。

當時的我熱衷於打桌球，從早到晚滿腦子都是桌球，於是父親將這本書推薦給我，告訴我這有助於強化桌球技巧。

我剛開始沒能理解為什麼這本書會對桌球有幫助，畢竟別說桌球了，裡面連一點運動相關的事情都沒提到。但是父親在推薦的時候，要我無論如何都先讀完20頁的內容，因此我便照辦了。

這段內容有1張圖片，彙整了成功的4個公式：

改變行動的「成功的4個公式」

①決定好具體的夢想
②試著想像夢想實現時的心情
③不要理會破壞夢想的暗示
④傾聽自己的潛在意識

我剛開始搞不清楚是什麼意思，根本無法相信這會讓我的桌球進步。不過，我還是希望桌球技巧更好，於是認真閱讀，試圖找出其與桌球之間的關聯性。

結果注意到裡面有這樣的內容：「想要新車的話，就把新車照片貼在牆壁上，三不五時看一下，並且想像到手時開車的快樂景象。」

「啊！就是這個！」一這段話宛如電流般竄過我的全身，當時的衝擊感至今仍印象深刻。我不僅將目標貼在牆上，還準備了一本剪貼簿。

我把憧憬的強大選手照片、格言以及我的目標等貼在牆上與剪貼簿中，想到就會看一遍，無論睡覺時還是醒著時都不斷思考桌球，在腦中進行模擬練習。

我就讀的學校桌球實力很弱，已經10年以上在地區預選只吃敗績，結果竟然在我這一屆成功進到縣大賽，甚至還打到冠軍戰，最後奪得亞軍佳績！不僅如此，我也以桌球專長獲得推薦入學，進入全國前3名的桌球私立名門高中。這次的經驗讓我對實現夢想的能力與開發能力的方法湧現興致，甚至成為我後來的天職。

我進而確立的夢想實現法就是「寶地圖」。

所謂的寶地圖是——

準備大張的紙或軟木板，以圖或詞彙表現出理想未來，並製成地圖。

用寶地圖裝飾房間，每天看著寶地圖想像「現在做的事」與「未來夢想」之間的關聯性，藉此激勵自己。

（詳情請參照《秘密沒教你的寶地圖夢想實現法：許願沒成功就是缺了寶地圖》）

《If You Can Count to Four》中的一段話，就徹底改變了我的人生。

這句話濃縮了古今中外成功法與夢想實現法的精髓：

「讓夢想已經實現的狀態在腦海中栩栩如生地呈現，就能讓自己體驗猶如已經實現的滋味。」

想像的力量非常偉大，世界上就曾有過這樣的實驗。

一九九三年，哈佛大學的史蒂芬・柯林斯等人發表了傳說等級的研究成果。研究團隊請16名受試者進入正子斷層掃描機並閉上雙眼，以喇叭聲作為引導，請受試者仔細且清晰地想像出小寫與大寫文字。結果發現，即使受試者雙眼緊閉，右腦的視覺領域仍會在「看見」想像中的文字時活化。

也就是說，只要**在內心描繪出鮮明的景象，對腦部來說就等同於親眼所見！**

正因如此，平常的思考內容就非常重要。古今中外的智者或領導人物，都強調思想與遠景很重要的原因就在這裡。

看到這裡，相信有些人會產生困惑：

「描繪出鮮明的景象與妄想有什麼不同？」

在內心描繪夢想實現的景色，很容易讓人誤以為是逃避現實。但事實上，想像夢想實現與逃避現實的空想不同，**這是為理想未來與現狀打造橋樑的方法，可使理想未來成為與自己有關的事情，並有助於釐清當前該處理的問題，藉此實現理想未來**。

關於這點就有過很獨特的實驗。二〇一三年，耶魯大學的金慶美等人請12名受試者將電腦螢幕顯示的物品分成「自己的」與「他人的」。這只是模擬而已，受試者並沒有真實得到。結果受試者的腦部出現了驚人變化。**當他們實際接觸到「自己的」物品時，腦內前額葉皮質活化的程度，會明顯比接觸到「他人的」物品時還要大**。

日常生活中，前額葉皮質會活化的情況如下：

①為特定目標執行細部工作的時候

②處理自身心情或情緒的時候

也就是說，善加活化前額葉皮質，就能在處理麻煩但必須完成的事時，維持良好的心情。

這場實驗還有另外一個發現。那就是考驗受試者的記憶，確認他們最後能夠想起幾件物品。結果發現，受試者**想起被歸類在「自己的」物品比想起「他人的」物品還多了18%**。

研究團隊如此表示：「與自己有關的事物，在心理上擁有特別的地位。」

人們將理想未來想像成「與自己有關的未來」時，即使面臨的挑戰相當麻煩，仍可保有良好的幹勁。不僅如此，由於事後能夠輕易想起相關事物，會變得容易在日常中挖掘出機會。

就連模擬的物品都能夠獲得如此效果，若是在有機會實際獲得成果的現實生活中實踐，效果會多麼強大呢？

我因為《If You Can Count to Four》一書改變了自己的行為。

我當年在打桌球的時候，假日還會自願與隊友進行自創特訓，甚至騎著腳踏車到20公里遠的練習場，只為了能與高中生或社會人士對打。有時還會在上課的時候，於腦中進行模擬訓練，身體也會在避免被老師發現的情況下偷偷執行一些不明顯的肌肉鍛鍊。

然而，之後我在年近35歲時投資與創業失敗，身上揹負了多達6千萬圓的債務。當我從老家拿起這本書重新閱讀後，不禁想起了當年充滿行動力與熱情的自己。於是我再度製作了寶地圖，為理想的未來與陷於谷底的現狀搭起橋樑。

這使我的行為產生劇烈變化，我不僅前往解雇我的公司推銷，請他們將研修活動交給我辦理，還找上自己平常有在看的雜誌的編輯交涉，獲得了撰寫專欄的機會。在這之後，我甚至和多達3本雜誌合作，這對當時的我來說是相當龐大的成果了。

結果，這讓我**重新創業後1年，就還完6千萬圓的債務**。

2年後，我搬到有研討室的新家、出版新書，實現當初鮮明刻劃在腦中的夢想！

請各位務必實踐由《If You Can Count to Four》一書開創的「寶地圖」，為自己牽起與理想未來之間的緣分，充滿熱情地展開行動。如此一來，肯定會獲得突破現實框架的力量與創意。

「想像處於理想未來的自己」正是最好的「引導」。

而我接下來要分享的實際經驗，就是ROI速讀法的核心價值。

我從書中獲得了「寶地圖」的靈感後，將其打造成實現夢想的方法，並透過研討會分享給許多人。**結果光是「寶地圖」的研討會，就讓我每年持續賺入1億圓的營業額，且持續了20年之久。也就是說，這本書為我實際提升了約20億圓的營業額**。

一九五九年，父親給我《If You Can Count to Four》這本書的定價是230圓，卻在日後讓我造就了22億圓的營業額，投資報酬率高達約956萬倍。

若是2千圓的書，就正好達100萬倍。

各位若能讀到這種改變命運的書籍，不僅能夠實現夢想、為人生帶來極大改變，想要造福更多人也不再是癡人說夢。

③《ユダヤ人大富豪の教え 幸せな金持ちになる17の秘訣》：富豪的想法與行為祕密

本節要介紹的第2本書，是本田健撰寫的《ユダヤ人大富豪の教え 幸せな金持ちになる17の秘訣》（暫譯：猶太富豪的教諭　成為幸福有錢人的17個祕訣）。

本田健老師為累計銷售書籍達800萬本的超級暢銷作家。這是一本包裝成故事的自我啟發書，述說苦惱的日籍青年阿健，從偶然認識的大富豪蓋勒身上學到商場與人生智慧。據說蓋勒是根據真實人物改編，書中內容也是由本田健老師在美國實際學到的事物濃縮而成，具有自傳性質。無論如何，看完這本書後，書中的角色便深植在我心中，至今仍活生生地存在著。

這本書的內容相當豐富，包括金錢法則、演講方式、建立人脈的方式、商業的起點與終點等。

本書最打動我的地方，是**與自我想像有關的對話**。

大富豪蓋勒提及成功人士的想法時，強調「我是誰」這種「自我想像」非常重要，表示：**「這種自我想像愈崇高，就愈能吸引幸福、成功與財富。很多人面臨的最大問題，就是不肯想像理想狀態。然而第一步最該做的，就是想像自己期望的人生。」**

故事最後，蓋勒送給阿健這段話：**「你肯定會失敗的。」**

這聽起來很令人傻眼對吧？就是因為不想失敗才努力學到這一步啊！然而，蓋勒接著說：**「關鍵就在於你能否從失敗中學習並且浴火重生。」**

我35歲前的人生充滿挫折，即使漂亮回歸，仍經歷過無數失敗。任誰都討厭失敗，所以我們喜歡聽他人一帆風順的成功故事。但是重大的失敗會逼我們直視現實，甚至果斷放棄過往的做法。正因如此，我們才能夠創新。

本書開頭有提到，人們會在事情發展不如預期時學習。從這個角度來看，重大的失敗正是最棒的學習，而**成功人士往往遭遇過重大的失敗，是最強大的學習者**。

請各位務必閱讀本田健老師的這本名著，步向充滿輝煌挑戰（或許也會伴隨著失敗）、成功與感動的豐富人生。

我在人生谷底時從《If You Can Count to Four》獲得靈感，並透過「寶地圖」讓人生漂亮反彈。事實上有件相當幸運的事情，那就是我其實從本田健老師成為作家之前，就已經從他身上學到許多，至今已經28年。

可以說我直接向本田健老師學習到了他從蓋勒角色原型身上學到的事物。從投資報酬率的角度來看，這場交流已經產生出了難以想像的龐大價值。

④《60分鐘改造企業》：大局觀所具備的矩陣思維

本節要介紹的第3本書，是由神田昌典撰寫的《60分鐘改造企業》。探討本書之前，我想先告訴各位一段真實的對話。

下屬：「部長，競爭對手推出了攜帶型的電動機！」

部長：「那台電動機有搭載最新的彩色螢幕嗎？」

下屬：「當然有！」

部長：「這樣我們就不用擔心了。」

很奇怪對吧？為什麼部長會立刻這麼回答呢？

這位部長名叫橫井軍平，是全球性電玩公司**任天堂**的傳說級功臣。

這段對話發生於**Game boy**熱賣的時期。當時，其他電玩公司也爭相推出攜帶型電動機，且Game boy有許多實質上的「弱點」，那就是螢幕不是彩色的，而是四灰階組成的黑白畫面。其螢幕又小又不清晰，在水平移動狀態下幾乎看不清楚。以技術來說，是一九七〇年的水準，在爭相推出次世代影像品質的時代中理應遲早會被淘汰。

但是橫井部長卻很有自信，因為**他清楚看見了螢幕另一端的使用者模樣**。

會玩Game boy的都是活潑的孩子們，常常放在口袋裡到處跑而摔到地上，甚至直接隨著衣服丟進洗衣機裡。正因如此，他刻意打造出堅固且只要3號電池就可以撐很多天的簡約機型，而非敏感精密的次世代機型。

此外孩子們都很容易玩膩，追求多元化的遊戲。從這點來看，這種硬體使用了問世多年的技術，對程式設計師來說，開發遊戲不用太多時間就可以進入量產階段；如果使用次世代技術打造最新硬體，支援的軟體就必須跟上。如此一來，開發費用與期間都會增加，拖慢產品的推出速度。

從結果來看，Game boy銷售數量達1億1870萬台，在電動史上締造傳說紀錄，讓後續的其他攜帶型電動機都望塵莫及。

每間公司都相當重視顧客，但是與這些取得莫大成功的公司等級不同。**大公司是以鳥瞰整體局勢的視野，找出顧客真正的需求與應採取的行動**，堪稱「戰略」。

然而，大部分的經營者都被眼前問題與慾望牽著鼻子走，視野容易愈來愈狹窄。

故事說到這裡，接下來終於要正式介紹《60分鐘改造企業》這本書了。

本書只用20個圖表，就能將知名經營者的大局觀輸入讀者腦中，甚至知道該怎麼運用在職場上。其涉獵範圍囊括整體戰略，從商品生命週期、概念、目標客群，到打造與競爭對手的差異、提升收益機制、設計出打動顧客的標語等等，內容豐富到令人驚豔。

讀完這本書後，我開發出了療癒課程「靈氣」、夢想實現課程「寶地圖」，以及心理學方面的課程「能量大師」。領域各不相同，卻都持續了10～28年，每個月都會舉辦，營業額穩定成長，成為長賣型課程。不僅如此，我新創的課程與服務也展現出了可熱賣10年以上的可能性。如今一想到要是少了這本書，這些可能性都會如煙火般稍縱即逝，就令我不禁毛骨悚然。

本書作者神田昌典老師是位經營顧問，人稱日本第一行銷大師。

我有幾位自行認定的「商場師傅」，而神田昌典老師就是其中一人。我從他身上學到許多事，並懂得了如何推廣研討會這種無形服務。

極力專注於事業的我，透過本書得知「經營戰略」一事，至今已經將近30年。我能夠在商場上奮鬥這麼多年，這本書可說是功不可沒。

我透過本書精進的概念之一就是**矩陣思考**。畫出交錯的垂直與水平兩軸，再依此描繪4個不同領域。暢銷書《與成功有約》中，就提出了劃分出緊急度與重要度的矩陣，相當有名。矩陣思考的優點在於能一眼看出事物全貌、優先順序與特徵，進而深深烙印在心底。

而這本書幫助我打造出許多獨創的矩陣，釐清思緒的同時，也更懂得表達自己的想法，並慢慢塑造出**自己的「世界觀」**。

現代社會物質豐富，顧客比起考慮「買什麼」，更重視「買哪個品牌」，因為購物本身也會成為快樂的經驗。因此，**供應方最重要的是展現出「世界觀」，也就是品牌定位與理念等**。

請各位找到專屬自己的世界觀，打造出獨一無二的商業機會，在執行過程中努力提升成長與貢獻的程度吧！

⑤《創造金錢》：用愛而非恐懼造就豐盛

本節要介紹的第4本書，是珊娜雅・羅曼與杜安・派克撰寫的《創造金錢：吸引豐盛與人生志業的教導》。

本書是講述「金錢與豐盛意識」的名著。提到「金錢」相關的書本，今昔都以投資或金融為主題，但本書**關注的是人們看待金錢的觀念，可謂時代先驅。**

金錢不過是交易的道具之一，我們卻賦予其超乎本質的意義。

二〇一三年，心理學家托馬斯・札代克等人請88名受試者填寫下列2種問卷：

【A組】對死亡的恐懼

【B組】對看牙醫的恐懼

並在受試者做完問卷後提問道：

「如果突然有1萬茲羅提（波蘭貨幣，約7萬台幣）可以用，會選擇怎麼用呢？」

受試者有2個選擇，分別是「儲蓄」與「購買日用品或奢侈品等消費」。

結果相當有趣。接受A組問卷（對死亡的恐懼）調查者理應傾向「要趁活著時用完」，畢竟死後金錢是帶不走的；但是**實際上選擇「儲蓄」的人卻比「消費」多了約44%，且儲蓄金額也比接受B組問卷（對看牙醫的恐懼）調查者多了約25%**。

當人們強烈意識到死亡的存在，就會試圖透過精神層面、政治或健康層面的行動來獲得自尊心與肯定感，藉此緩和對死亡的恐懼。將金錢留在身邊的「儲蓄」行為，會成為對死亡恐懼的緩衝材。

也就是說，**金錢對人類來說猶如護身符**。正因如此，**人們極度恐懼金錢匱乏，這種恐懼甚至可能反彈，成為收到金錢時的罪惡感**。這使人們容易避免透過喜歡或由衷享受的事物獲取大量金錢。

那麼，要擁有多少錢，我們才會感到幸福與安心呢？

二〇一八年俄亥俄大學的格蘭特・丹諾利等人，按照2個統計結果分析富豪們的幸福度。分析對象是世界17個國家中，淨資產達100萬美金（約3千萬台幣）以上的4155名有錢人。這些人都毫無疑問地屬於富豪。

結果相當衝擊。**從第1種統計方法得知，幸福感較高者僅有淨資產達800萬美金（約2億5千萬台幣）的人；第2種統計方法則需達1千萬美金（約3億台幣）以上**。

看來光憑金錢來獲取幸福，門檻會非常高。

這時**最重要的就是徹底修正金錢觀**。

《創造金錢》一書**將金錢視為能量**，旨在將追求財富的觀念轉換成追求繁榮並慢慢增幅的做法。每章還附有優秀的問題集，幫助讀者在不知不覺間凝聚原本四散的能量，並挖掘自己的才能與方向性。**希望將興趣化為專業、發展成天職的人，這本書可以說是最佳的準備教材**。

我自己也是透過改變金錢觀，使人生大幅翻轉。

以前的我不敢從興趣或是灌注熱情的事物上獲得報酬。創業後，即使推出極富自信的商品，也會對說出商品價格感到畏縮，甚至最後總是說著「我很推薦」、「歡迎申請」或「請簽約」，始終無法說出「請購買」。

因此我重新審視了自己的金錢觀，腦中忽然浮現童年記憶。某天的晚餐時間，父親邊看著棒球的電視直播，邊隨口說道：

「棒球選手只是在做自己有興趣的事情，就可以拿到錢，真好啊……」

正是這隨口的一句話，改寫了我的金錢觀。

「靠興趣賺錢是不對的。」

「必須辛苦工作，才能獲取報酬。」

「透過玩耍般的工作賺錢，會引人非議。」

我試著重新檢視自己的金錢觀。

世界上有許多熱愛自己職涯的人，而這些人會吸引許多夥伴，讓生命更豐富。

思及此，我頓時安心下來，開始這麼認為：

「透過喜歡的事物獲得報酬不是壞事。」

我也因此得以重新看待父親。父親是第三代工廠老闆，沉默寡言又耿直，一生都奉獻在家庭事業上。然而，父親說不定也另有想追求的人生。於是我終於做出一個重要的決定：

「身為兒子的我，必須透過喜歡的事物豐富人生，這才是最佳孝行。」

我轉換觀念並開始將能量灌注在有熱情的事物上，就在這一瞬間。這種專注力持續了30年，直到今日仍持續且不斷增幅。

二〇一二年，香港大學的劉喜寶等人在研究中發現**人們最想出錢購買的感情，就是「愛的重新體驗」**。重新審視金錢問題後，最後必然會追溯到「曾發生過的一幕」，相當不可思議。而這一幕正是擔心自己不受重視之人喜愛的瞬間。治療這股恐懼感，就能夠從本質的金錢問題中解脫，自然地找回自己的天職，藉以表達自己的愛。

我相信，本書將成為各位邁向天職的第一步。

⑥《巴夏》：重新創造人生的期待力量

本節要介紹的第5本書，是岱羅・安卡撰寫的《巴夏：來自未來的生命訊息》。

本書是發揮最大限度創造力描繪夢想的名著。描述座落在獵戶座對面的愛莎莎尼星球中，有個名叫巴夏的外星人，透過岱羅・安卡回答聽眾問題的問答集。「channeling（通靈）」一詞正是因為本書在日本落地生根。

我是在30多年前邂逅這本書，並因此大幅改變了人生觀。

巴夏回答的問題相當多元，但是答案的核心絲毫不變：

①每個人類都是宇宙的創造者，擁有宇宙完整的時間

②所有事情都會發生在完美的時間點

③為自己選擇打從心底樂在其中的每一瞬間！

多麼充滿靈性的發言啊！不過，身為活在現代的地球人，實在很想說：「如果那麼輕鬆就能辦到，我就不會這麼辛苦了。」

但是，近年的科學卻陸續發現許多有趣的事實。

二〇〇五年西宮協立腦神經外科醫院的小山哲男等人，就發表了劃時代的發現。研究團隊在10名志工的協助下，調查了「對疼痛的預期與實際痛覺造成的腦部活化」。

首先，研究團隊讓受試者按照46℃、48℃、50℃的順序，接受伴隨著疼痛的刺激。不同溫度的刺激時間不同，團隊告知受試者時間依序為7.5秒、15秒、30秒。

但是他們背地裡動了手腳。在30次實驗當中，有一部分告知的是施加48℃刺激15秒，實際上卻是50℃。也就是說，團隊做出了假動作。

沒想到獲得了衝擊性的結果。**預期會受到48℃刺激的受試者遭受50℃的刺激後，平均感受到的痛感，竟比預告會施加50℃刺激時，減少了28．4％！**這簡直是足以媲美嗎啡的效果。

更有趣的是受試者的腦部動態。

對疼痛的預期會使一次性軟骨皮質、島葉、ＡＣＣ等疼痛方面的腦部領域活化狀態急遽降低。這時會發生非常奇妙的事情，那就是**儘管實際體驗到的是50℃的刺激，腦部所接觸到的世界卻是預期的48℃刺激**。

簡直就是平行世界。

為什麼會發生如此現象呢？因為我們的知覺表現，是以過去經驗獲得的資訊為基礎。與知覺、情緒有關的杏仁核，會和喚起記憶的海馬迴在腦內相接，只要感知到疼痛，兩者都會活化。

也就是說，**從過去情感體驗中獲得的「預期」，會成為對現今世界的「感受」。因此，不需要「思考」，「預期」就會化為現實**。

換言之，我們對於現在人生的認知，就等同於腦部所預期的。如果不喜歡現在的人生，只要改變自己的預期即可。

從這個角度來看，所有事情都會發生在完美的時間點，因為我們會創造出專屬自己的宇宙。

但是，該如何改變預期呢？答案就是「期待感」，說是興趣、好奇心也行。

事實上我們的文明進化背後就藏著好奇心。

人們誕生於西元前七萬年，卻一直到西元前五千年左右，文明才急遽發展。

原因就在於**都市的誕生**。有交易行為的都市，會吸引各種技能或個性的人聚集，刺激好奇心的對象瞬間擴張。從中衍生出的洞察力，便加速了新發現與發明。

心理學家托德・卡什丹就如此定義好奇心：

「好奇心中同時存在著正向的現在與未來方向性。」

很多人都活在杞人憂天或是過去的辛苦中，但是**只要置身於好奇心（期待感）當中，就能夠擺脫框架，讓每一瞬間都活得像自己**。

請試著尋覓為自己增添期待感的種子吧！相信當你找到的瞬間，所處世界就會瞬間變化，程度之大令人震驚。

⑦《我的庶民養錢術》：讓未來自己感謝的資產創造法

本節要介紹的第6本書，是本多靜六撰寫的《我的庶民養錢術：經營之聖稻盛和夫的啟蒙導師親授，零基礎也能立即上手的理財策略》。

這本書是對我資產累積造成莫大影響的名著，主題為儲蓄。

任誰都明白儲蓄的重要性，但是很少人滿足於自己的存款，各位也是如此嗎？

《法句經》第11章中，寫下佛陀（釋迦牟尼）的一段話：**「年輕時不儲蓄也不自愛過活的人，就會像守著空池的白鷺一樣虛弱。」**

想必很多人都很訝異吧？總覺得釋迦牟尼已經擺脫世俗，應該會避諱談錢才是。

但是更令人驚訝的在後頭——**釋迦牟尼竟然連資產的累積都談到了**。

某天有位名叫尸迦羅的資產家之子造訪，釋迦牟尼勸說聰明的他從商，並教他將收入分成4等份。

內容本身非常簡單，就是將收入的¼用在自己身上、½當作工作的運作資金，剩下的¼要存起來以備不時之需。

這個教諭成為亞洲佛教國家的營運理念，對日本二宮尊德（金次郎）的「報德仕法」等也帶來影響，是極為合理的觀念。

不過，最後的儲蓄卻相當困難，**因為有多少就用多少其實是人之常情**。

因此本節要介紹的就是本多靜六博士想出的**月收扣除¼儲蓄法**。

簡而言之，當月薪入帳時，就要立刻存¼，有臨時收入的話就要全額儲蓄。

本多博士從25歲開始就以「擊退貧窮」這種思維為基準這麼做，並累積了莫大的資產。對此他表示：**「儲蓄不是什麼大道理，而是相當實際的行為。儲蓄不是計畫，而是努力；儲蓄不是預算，而是結果。」**

然而金錢當前，人們都會忍不住有所反應。

二〇〇七年，巴黎腦科學研究所實驗發現，即使只顯示0.017秒，人們對1英鎊（約38台幣）的反應仍大於1便士（約0.38台幣），大腦基底核中名為腹側蒼白球的部位會活化。

二〇一二年，橘吉壽教授等人透過研究得知，這個部位會預測報酬，並將預期轉化成促進行動的幹勁。

說得極端一點，就是**人類即使只看到0.01秒的錢，也會為之瘋狂**。

正因如此，才要一開始就「扣除」，**幫助我們將想儲蓄的金額當成一開始就不在口袋裡的錢**。這個方法的效果全球共通。

二〇〇九年，迪利普・索曼與艾默・齊瑪發表了很棒的研究結果。

他們找來146名印度貧窮勞工，請一部分的人嘗試月收扣除儲蓄法。方法相當簡單，只要準備2個信封袋，其中一個信封袋放入想存的金額後封起，並寫上日期。

14週後出現驚人的結果。**執行月收扣除儲蓄法的這組，手邊保有的金錢比沒有這麼做的人多了約42％！**

我與內人同樣持續著月收扣除儲蓄法。結果不僅讓經濟寬裕許多，我也產生了身為經營者與一家之主的自信。

懂得靈活運用金錢上的月收扣除儲蓄法之後，接下來就要應用在時間上。1天（1440分鐘）的1%約是15分鐘，只要每天將這15分鐘用在有助於實現夢想或為將來著想的學習上，就能獲得驚人成果。我就是運用這段時間，完成了寫書的工作。

舉例來說，一開始就像7點～7點15分、23點～23點15分這樣設定好固定時間，將其視為「夢想實現時間」、「閱讀時間」、「學習時間」、「正念時間」、「健康、美容時間」、「簡報時間」、「成長時間」、「貢獻時間」、「整理時間」。不僅如此，還可以在開始前10分鐘設好鬧鐘。

進一步應用到閱讀上的話，我建議採取4C速讀「1本書、3重點、1實踐」的原則，花15分鐘讀完一本書。

有位60多歲的女性連續600天以上持續這麼做。以前她每天早上會為家人準備早餐與便當，認為沒辦法在兼顧工作與家庭的情況下閱讀，每年都讀不到10本書。直到她邂逅了4C速讀，才重拾閱讀的樂趣。

不僅如此，她還想起曾經覺得辦不到的夢想——成為作家。

於是她開始下定決心，每天早上早起1小時，起床後立刻閱讀15分鐘，並花15～30分鐘撰寫部落格書評。她像這樣為自己安排固定的寫作時間後，曾經1年讀不到10本書的她，1年就讀了365本以上的書，甚至還能將書評上傳到部落格。她實踐至現在（二〇二一年一月）已經達630天以上，並且連續不間斷。

每天安排1％（約15分鐘）的時間就很棒了，要安排2％（約30分鐘）、3％、10％、20％當然更好。不過，請為自己量身打造適當的「時間扣除運用法」。如此一來，命運就會慢慢將你帶向美好的方向。

看到這裡，各位不妨思考看看要將「時間扣除運用法」用在什麼樣的事情上呢？

⑧《與成功有約》：琢磨武器的方法

本節要介紹的第7本書，是史蒂芬・柯維撰寫的《與成功有約：高效能人士的七個習慣》。

暢銷書《與成功有約》的作者柯維博士大膽宣稱：**「我調查了建國以來所有與成功相關的文獻。」**認為近50年（一九八〇年代止）以成功為主題的書都只是應急用，這之前150年間講述的理論才是根本，因此他按照黃金比例將這些法則分成7個體系。

從書中一眼就能夠看懂的命名法，**可以感受到柯維博士絕佳的命名品味**。諸如最優先事項、第2領域、描繪結局、雙贏、信賴儲蓄、委任、協同效應、第3備案等，都是現今商務現場理所當然的用語，而不少都源自於這本書。

此外，書中豐富的比喻與寓言也令人印象深刻。

其中最令我感到衝擊的是**第7個習慣——磨刀**。

關於磨刀的寓言如下：

森林中有個伐木工滿臉疲憊地鋸樹，一問之下，才知道他已經在此奮戰好幾個小時了。看到這一幕，你應該會提議道：「休息一下，順便研磨一下鋸子吧？」

沒想到伐木工如此回應：**「我沒有研磨鋸子的閒工夫，光是鋸樹就精疲力盡了。」**

乍看之下相當可笑，但這簡直就是剛遇見這本書時的我。

我是在一九九〇年代前半邂逅這本書，當時的我揹負著6千萬圓的債務，正值第2次創業。我的工作是提供1次數千圓的個人諮詢，以及偶爾會舉辦、1次數萬圓的研討會。我自認為有做出貢獻，也確實獲得了他人的感謝。

但是，我仍覺得看不見未來，不知道什麼時候才能脫離不安定的現況。當時的我**不只要努力，還得想辦法提升自己的價值，也就是所謂的「磨刀」**。

為此最好的方法就是透過閱讀學習智慧並活用，因此我在接觸這本書之後，便徹底改變了自己的閱讀法，開始致力於提升自己的價值，探索有磨刀功效的閱讀法，而這也成為我後來人生漂亮反彈的契機。

在此以一件真實事件為例。

巴塞隆納有一家名叫鬥牛犬的餐廳，被獲封為世界最優秀餐廳，每年世界各地都飛來200萬件預約，希望搶到餐廳中僅有的50個座位。儘管如此，無論他人如何請求，主廚費蘭・阿德里亞都不願意開分店。

不僅如此，他**僅在4月～10月期間營業，剩下半年都專注於研究並開發料理上**。

正因為他貫徹「磨刀」的工夫，才能夠成為當之無愧的世界第一。

然而，很多人或許都還搞不清楚自己擁有的是什麼樣的「刀（優點）」。在此建議各位先透過《與成功有約》這本書，找到自己生而為人的任務吧！

我每年年底都會重讀一次《與成功有約》，進一步思考接下來的人生將面臨什麼樣的任務，各位也不妨試看看。

⑨《銷售的技巧》：一流業務的準備能力

本節要介紹的第8本書，是法蘭克・貝特格撰寫的《銷售的技巧：賣東西必須有方法、有技巧，顧客才會買單》。

一九九九年，傑夫・斯馬特博士做了一項相當獨特的研究，他找來了51名新創投資人，調查他們判斷是否要投資的方法。

重點在於他們審核新創企業的代表——創立者的方法。有人設計出檢視表並徹底地檢視、有人相信瞬間的直覺、有人會混在新創企業家裡，有人則會像檢察官一樣積極提問，人們各有自己的方法。

研究團隊選了46個實際存在的投資案件，調查他們實際的內部報酬率。從案件數來看，最多的是按照瞬間直覺決定的類型，占整體的3％，也就是所謂的「眼光」。

然而，**內部報酬率最高的是設計出檢視表並徹底檢視者，且與第2名之間的落差**

達3倍之多。這種做法很花時間，也毫無亮眼之處，但也因此可以撇除暫時性的個人情緒，做出嚴謹的判斷。

而《銷售的技巧》這本書可以說是**為所有業務打造的「不敗檢視表」**。

儘管初版問世於一九五三年，內容的價值卻絲毫沒有褪色。曾為職棒選手的作者於29歲退休後，從事壽險業務員的工作。經過全心全意的奮鬥，成為全美收入最高的業務員，並於40歲退休，致力於培育後進。

為什麼法蘭克能夠大獲成功呢？這要歸功於**周全的準備**。

他每天早上會進行30分鐘的笑容訓練、聚會前會熟讀成員名冊，並想出巧妙的訪談時間預約技巧，與社長祕書或總機建立良好關係，每週五還會製作下一週的業務拜訪日程表。

在這個業務員與行商僅一線之隔的時代，法蘭克打造出可以維持成果品質且可反覆運用的簡單機制。

許多人看見成功人士時，都會認為他們是仰賴品味、才能與運氣等。

其實並不然。**即使是透過瞬間爆發力誕生的創意，背後也都有著腳踏實地的戰略**。各位不妨像這樣，為自己建立穩固的銷售根基吧！

我第1份工作是汽車業務員，業績在同期40個人當中敬陪末座，是第39名；第2份工作是教材推銷員，卻完全無法達成目標業績，半年多就被踢到不重要的職位；第3份工作同樣因為業績太差而被當成缺乏幹勁，最終慘遭裁員。

當時的我對作者曾經連和他人說話都畏懼的過去充滿共鳴，因此卯起來讀這本書。書中鉅細靡遺地寫下他成長的過程，從不敢開口和人說話，到成為傳說級業務員、演說家兼作家，變得能在100名觀眾的注目下侃侃而談。

既然原本毫無自信的作者能夠辦到，我或許也有機會，所以我開始盡力實踐這本書的建議，最後也確實成為演說家兼作家。

對當時的我來說，就是這本書為我帶來了奇蹟。

⑩《世界最偉大的推銷員》：藉由習慣的能力帶來人生奇蹟

本節要介紹的第9本書，是奧格・曼迪諾撰寫的《世界最偉大的推銷員》。

這本銷售破5千萬本、堪稱商務自我啟發書金字塔的著作，開頭寫得相當戲劇化。其以2千年前的中近東為背景，描寫一名年輕商人繼承了讓富商成功的祕笈，和讀者一起解開成功之謎。

「我現在收獲的所有成功、幸福、愛、心靈平靜及財富，都多虧了這幾卷祕笈。」

作者奧格・曼迪諾年輕失業、酒精中毒又妻離子散，窮途潦倒之下甚至準備好自殺用的手槍，直到在圖書館遇到自我啟發書，才下定決心振作起來，並在保險公司與出版方面大獲成功。而本書的亮點就在後半部公開的十卷羊皮卷中。

「如果渴望成功的決心相當堅定，就不可能會失敗。」

書中反覆強調這個心態，幫助人培養出自我肯定感，相信各位也會心動不已。

這本書影響我最深遠的是**打造的方法**。作者大膽表示自己打造了良好習慣，並成為良好習慣的奴隸。

他提倡養成習慣的重要性，為閱讀富商成功祕笈訂定以下規則：

①每卷都要連續閱讀30天，完成前絕對不讀下一卷
②每天早中晚都要讀，且最後一次要讀出聲音

必須像這樣將祕笈內容徹底烙印在潛意識中。

那麼，人們要花幾天才能夠養成習慣呢？3天、1週、21天、90天……對此至今仍眾說紛紜，但是無庸置疑地只要偷懶1天，就會忍不住將其拋到腦後。

倫敦大學的菲力浦・賴瑞等人於二〇一〇年，針對這點做出了下列發表：

「即使漏掉1次執行的機會，對於養成習慣這件事情仍無實質影響。」

也就是說，即使跳過1天沒有執行，只要重振精神於隔天持續進行就沒問題了。

所以，雖然奧格・曼迪諾設定了上述2項規則，但是如果執行期間遇到假日，就請各位好好享受假期吧！只要在收假第1天接續之前的進度即可。

若是持續累積所得的力量，僅因為錯失1次執行的機會就前功盡棄的話，實在是太過可惜了。

能夠每天持續當然值得尊敬，但是也請不要因為漏掉1次就放棄。**即使是3分鐘熱度，只要持續10次以上，終究會養成習慣**。

我自己就是運用這個思維，每天撰寫1千字以上可出版等級的文章，並且持續了20年。當然，我並非完全沒有休息，但休息後的隔天就會卯足勁寫2千字以上的文章。原本是3年出版1本書，後來平均每年會固定出版1～2本。

這正是《世界最偉大的推銷員》為我帶來的成果。

這本書的主角哈菲德透過養成良好習慣，成為世界最偉大的推銷員；我則是透過本書養成每天撰寫1千字的習慣，最終獲得了作家這個地位。

因此，請各位也為自己培養良好習慣，化身「世界最偉大」的人。

此外，《世界最偉大的推銷員》還附有習題，要求讀者持續填寫10個月。雖然價格會因此比較貴，但是以投資報酬率來說很值得。後來出版的文庫版則刪除了習題的部分。

（註：上述為日本出版情況。）

⑪ 提高閱讀投資報酬率的ROI速讀法是什麼？

前面已經介紹完9本書，相信已經有人注意到，正是留意閱讀的投資報酬率，才幫助我擺脫谷底。

在人生中勇於挑戰以引發變化，並掌握從中現身的機會、獲得成果，才能使人生更加豐碩，進而圓夢。

以前的我完全沒有考慮到閱讀投資報酬率的問題，僅重視閱讀本身，讀完就覺得心滿意足，完全沒有透過從中習得的事物改變行動。

而正是這種盲目閱讀的方法，讓我陷入人生最大的困境。

我將足以改變人生、最大化閱讀投資報酬率的方法稱為「ROI速讀法」

此外，這種速讀法為我帶來**轉變（Change）、挑戰（Challenge）**與**機會（Chance）**，獲得成果與成功後則讓我的人生更加豐滿，生活自然更**輕鬆（日文發音為Choroi）**，因此我又稱其為「4C速讀法」。

詳情將於第6章談到，敬請期待。

第4章
重點整理

- ☑ 將書中內容活用在人生上，投資報酬率可高達100萬倍！
- ☑ 最棒的成功人士會先成為最大的失敗者，進而成為最棒的學習者。
- ☑ 未來商場需要的是世界觀。
- ☑ 金錢就是能量，觀念決定成就。
- ☑ 用科學方式將預期化為現實，將期待化為指針。
- ☑ 人生祕訣就是「扣除」、「準備」與「習慣」，檯面下的根基會決定成果。

第 5 章

閱讀讓人生更順利的3大機制

① 為什麼人們愈來愈不看書了呢？

讀到這裡的各位肯定是**閱讀家**，請充滿自信報上自己的名號，不需要謙虛，因為很多人都是不閱讀的。

二〇一八年，日本文化廳發表了「國語相關輿論調查」，其中一項統計數字如下（調查對象為全國16歲以上男女，有效回答數量為1960人）。

①調查對象中有47.3%的人，1個月讀不到一本書。

②調查對象中有67.3%的人，閱讀量比以前少很多。

從數據就可以看出閱讀風氣正在衰退。

那麼，在這種情況下仍持續閱讀的理由是什麼呢？

其中最多人選擇的就是**為了獲得新知識與資訊（61.0%）**。

反過來說，**既然現代能夠更輕鬆獲取新知識與資訊，那麼閱讀其他媒介而非「書本」也無所謂了**。

書本僅彙整了一名作者過去的知識與見識；網路則會經常提供最新資訊，甚至能以免費或超低價格欣賞到優質易懂的影片。不僅如此，網路上能立刻反映出使用者的意見，因此品質隨時都在提升。這些優點都是書本辦不到的。

既然如此，為什麼還要刻意看書呢？

本章將從不看書的原因，一起探討出明確的解答。

② 人不會為資訊而改變，也不會為知識而行動

首先要請各位思考一下，為什麼人們要追求新知識與資訊呢？

當中肯定是有求知慾的，但是最大的理由是為了解決現實生活中的問題，讓人生更為平順才對。當然，要解決問題，自然必須調整行動。

但是，人們真正獲取知識與資訊後，是否就會改變行動呢？

二〇〇九年，哈佛大學的伊莉莎白・伯納維茲等人發表了一項有趣的研究。

研究團隊找來48名學齡前兒童（3～5歲），並拿出用彩色塑膠管組裝而成的玩具。玩具本身具有各項機關，像是拉塑膠管就會發出聲音、按到隱藏按鈕就會發光等等，管中還藏有鏡子。

研究團隊在兒童面前拉塑膠管，使其發出聲音，並做出下列2種行為：

Ⓐ說明塑膠管的機關：「這樣做就會發出聲音喔！」

Ⓑ表現得很驚訝：「好奇怪喔！再試一次看看吧。」

接著調查孩子們在接下來的1分鐘內，是否會靠自己的力量找出其他機關。

結果**相較於已經說明1處機關的A組，只是一起跟孩子表達驚訝的B組中，有較**

多兒童找出其他機關，人數多了48%。

對此研究團隊表示：「孩子面對毫無根據，或是眼前的根據與理解相反時，就會更專心地探索。」

相較於「已經解開」的知識或資訊，人們在看見「未解開」的問題時，會更容易做出實際行動。因為發生令人訝異的謎題時，人們會非常好奇背後的答案，腦中浮現「這到底是怎麼回事？」的疑問，就會動起來以追求答案。

人類行動的原動力不是「已知事物的解說」而是「對未知事物的疑問」。發現世界上有自己不知道的事情時，行動才會產生變化。

③ 電腦科學頂尖大學驗證出的「解決未知的力量」

二〇〇七年，卡內基美隆大學的賈羅德・摩斯等人在39名學生的協助下，進行了實驗，加以驗證了這點。

卡內基美隆大學的理工學系在電腦科學領域享譽盛名，可以說是首屈一指。

研究團隊請受試者在30秒內從3個詞語中聯想1個共通的詞語，難度大部分落在預測正確率5成左右，當然也有難到讓人想不出、只好空白的題目。

受試者最後可以回來挑戰難題，但是在這之前必須先完成另一大題——判斷顯示出的詞語意思是否正確。

事實上，第二大題（判斷詞語意思）的題目中暗藏玄機，一部分受試者會看到暗示著第一大題（聯想共通詞語）的答案。

受試者都沒有心力去注意到這是提示，但是**回去挑戰第一大題時，有看過提示的人竟比沒看過的人正確率高了約40%**。

這是相當有趣的現象。一開始的問題讓腦中留下「未知疑問」後，人就會下意識地參考其他情況下取得的各種資訊，用來解決未知疑問。

換言之，**人們只要遇到未知疑問，即使沒有繼續思考這個疑問，仍會在不知不覺間探索看似可用的線索，持續努力至解開疑惑為止**。

人類是會努力解決問題的生物，且隨時都在試圖解開一個問題——

要接近還是避開眼前的對象？

大腦邊緣系統會在我們意識到這個問題的0.5秒前做出判斷，並非等意識到的0.5秒後才開始思考。也就是說，在我們意識到之前，就已經決定好了。

正因為這種解決問題的方法從未失敗，我們才會維持這樣的生存方式。

因此解決「未知問題」對腦部來說極度重要，因為大腦必須給出答案才行。

這可謂天大的好消息。**只要以自己為對象，在腦袋中設定適當的問題，日後遇到各式各樣的場面時，腦袋就會自動搜尋解決用的資訊**。

《馬太福音》中的格言：「祈求，就會給你們。」（7：7～12）儼然就是在講這個機制。

想要實現目標與夢想，就要對自己提出適當的問題。

④ 網路檢索帶來的真正問題——知識的錯覺

這與「閱讀書本的理由」有什麼關聯呢？

其實，網路世界本質上是不允許「未知疑問」存在的空間。

網路是讓使用者檢索出解答的地方，因此會優先顯示專業性高且能給予明確解決方案的網站，所以網路百科——維基總是出現在最頂端。這本身是很棒的體系，但過度習慣網路檢索會導致人產生「變化」。

二〇一五年，耶魯大學的研究員馬修・費雪等人的團隊，就發表了極富衝擊性的研究結果。他們將215名受試者分成2組，並請他們回答「拉鍊構造」等問題。

【A組】透過網路檢索取得答案
【B組】不透過網路檢索就作答

接下來出的是學識方面的問題，並請受試者評價自己對知識的掌握度，分為7個階段。

一開始的說明問題與學識問題毫無關聯，但是自我評價的結果卻相當有趣。**用網路檢索的A組受試者，對自己知識的評價比沒有使用網路的B組高約15%**。研究團隊刻意請受試者檢索毫無關聯的答案後再進行自我評價，仍得到相同的結果，因而稱這個現象為「知識的錯覺」。

總而言之，反覆檢索網路，會使人們將螢幕顯示的資訊誤以為是自己能活用的知識，進而對自己的知識量抱持高度自信。如此一來，認為問題尚未解決而去思考的機會就會逐漸減少。

驚覺「自己不曉得」的機會減少，會使改變行動的機會跟著減少。學習時過度仰賴網路世界，就會造成這麼嚴重的問題。

閱讀改變人生的
3大機制

⑤世界第1小提琴家在街頭演奏卻只賺到32美金的理由

相信有些人會持相反立場，認為仰賴直接獲得的經驗、觀察以及與他人的交流更好。實際經歷的衝擊確實最足以改變人生，但**無論遇見多好的機會，若未能事前理解其價值，就很容易錯失**。接下來要介紹一件真實事件。

二〇〇七年，美國極具影響力的《華盛頓郵報》做出這樣的實驗，他們請一名街頭音樂家站在華盛頓哥倫比亞特區的地鐵站，藉此調查路過乘客的反應。

而這位音樂家可不是泛泛之輩，他名叫約夏・貝爾，是**年僅39歲就站上世界巔峰、被視為頂尖名家的小提琴家**。

這天，他身穿牛仔褲和T恤、戴著一頂棒球帽，以世界上最高級的小提琴進行演奏。這把小提琴是一七一三年由安東尼奧・史特拉第瓦里親手打造的，要價350萬美金（約1億台幣）。

這位演奏會一票難求的頂尖小提琴家，免費在此演奏了6首曲子，共計43分鐘，可說是極度奢侈的企畫。最初做出這項企畫的編輯部，還擔心會聚集太多人而引發意外，**結果卻出乎預料地難堪。演奏過程中經過的乘客共1097人，但是大部分的人都毫不在意地走掉了**。

其中當然有很多人對古典樂曲毫無興趣，但是理應感受得到那並非日常生活中聽得到的樂音。即使沒有給點小費，至少也會停下腳步才對。

約夏・貝爾是1分鐘賺1千美金（約3萬台幣）的超一流音樂家，這43分鐘拿到的小費卻僅有約32美金（約1千台幣）。

為什麼會發生這種事情呢？

行為經濟學第一把交椅丹・艾瑞利親自拜訪這位慘遭忽視的小提琴家。採訪後得出這樣的結論：**「期待勝於經驗。」**

參加古典音樂會時，聽眾會穿著正裝待在高規格的演奏廳，坐在天鵝絨材質的高級座椅上，沉浸在音樂世界中。

這種情況就等於確實做好提高期待的準備，若是少了這些步驟，人們就很難體會到頂尖演奏的價值。

事實上，約夏．貝爾在這之後舉辦了歐洲巡迴演出，不僅盛況空前，還獲頒認證其為美國最優秀古典音樂家的艾佛瑞．費雪獎。

當然，這場實驗過程中仍有極少數人注意到演奏的價值。

分別是長年因工作接觸到街頭音樂家演奏的男性，以及精通古典音樂、本身也會演奏小提琴的男性通勤者。

相較於其他乘客，他們擁有較豐富的「事前知識」，所以才能發現1千多人都無法察覺的奇蹟事件所擁有的價值。

另外值得一提的是，實驗過程中鄰近的彩券行從一早就大排長龍，卻完全沒有人注意到約夏．貝爾的精彩演奏。

諷刺的是，如此珍貴的體驗發生機率可是比中樂透還低，人們的眼裡卻只有不知道會不會中獎的彩券。

增長見聞是非常棒的事情，因此我們更應該想辦法事前拓展自己的眼界，畢竟不知道什麼時候會遇到奇蹟般的邂逅。

我們當然可以透過電視或YouTube獲取資訊，但是這些影片都經過剪輯，呈現出的世界相當有限。

這時，**就要靠書本補足**。

書本會將影片中無法呈現的「無形部分」化為言語。

善用書本，自然能夠讓眼界變得更加開闊深遠。

⑥ 為什麼愈擅長閱讀就愈擅長溝通？

我們能夠從與他人的對話中學習，同樣的也可能遇到改變人生的一句話。

但是光與他人進行單純的聊天，無法確實接收到這些訊息。

既然如此，該怎麼做才好呢？

接下來要介紹一項極富參考價值的研究。

二〇一〇年，普林斯頓大學的葛瑞格．史蒂芬針對人們在自然對話時的腦部活動，發表了很有趣的研究結果。

他請2位受試者戴上光學麥克風，像朋友一樣閒聊就好，同時用fMRI（功能性磁振造影：測量腦部神經活動，並以影像呈現的裝置）記錄雙方的腦神經活動。

結果發現，說話者與聽話者的左右腦都有大片區域發生了神經的突觸連結，包諾聽覺領域、處理說話與聲音的布氏區、理解他人話語的韋尼克區、理解故事意義與社會方面的言語外領域、鏡像神經元（看到他人的行動後，會如鏡子般讓自己彷彿與對方一起體驗的細胞）等等。

由此可知，即使只是單純的聊天，也能夠活化整體腦部！

不過，雙方的腦部反應存在少許時間差。說話者的腦部會比聽話者早1～3秒出現突觸連結。

此外，搭配聽話者的理解度測試可以發現，**雙方腦神經突觸連結的程度愈強，聽話者的理解程度就愈高**。

換言之，**腦神經突觸連結的程度愈高，這場對話的實際意義就愈大**。

那麼，該如何增加聊天時的腦神經突觸連結程度呢？

其實關鍵就在於聽話者的腦。大部分的神經突觸連結反應，都是說話者的腦會先出現活化反應，**聽話者的腦中只有線條體附近的反應會比說話者快，而這個部位主掌的是預測與價值表達**。

聽人說話這個行為其實會造成相當大的負擔，因為必須從龐大的噪音中找到有意義的資訊。為此，腦部會在聽人說話的同時預測內容，以減輕負擔。

研究團隊進一步探索後發現：**「預測是讓溝通成功的重要條件。」**

這是相當有趣的發現。原來雙方對話能否具有實際意義，關鍵不在於說話者的內容，而在於聽話者的預測能力。

我們閱讀文章時，有時會跳著看重點；其實我們在實際對話中也會跳著聽。也就是說，想要提升溝通能力的話，除了要採取能激起對方興致的表達方式外，也要鍛鍊預測對方話語的能力，懂得如何聽人說話。

具體而言，該怎麼鍛鍊呢？多加累積經驗就可以了。**其中效果最好的，就是閱讀**。

我們在閱讀時，是單方面接收作者的訊息，無法直接吐槽或反駁。世界上可沒有比閱讀更強迫性的溝通了。

然而，我們可以藉此仔細理解作者的訊息，進而修正自己的預測，調整自己的思考方式。也就是說，閱讀是鍛鍊我們預測能力的最佳方法。

讀愈多的書，就愈懂得在現實生活中解讀他人。

「對方說出這段話的背後原因是什麼？」

「對方真正想表達的是什麼？」

「我該怎麼回應，才能讓對方說得更起勁？」

這樣的思緒中含有對他人的尊重，對方肯定會感受到這份心情。

如此一來，前定和諧（原本的預期發展）就會瓦解，進而說出一開始沒打算提到的深度發言或資訊。

任誰都明白傾聽的重要性，但是要瞭解不是只要聽就好了，必須**將對方視為一本書，解讀其話語背後的情緒與背景**。

能夠將他人的話語視為書中內容，雙方的對話才會有價值。

⑦ 對腦部來說，閱讀即社交！

上一節說到愈擅長閱讀就愈擅長溝通，但**這世上並未給予閱讀家溝通能力好評**。

有些人對閱讀一事抱持負面印象，認為喜歡閱讀的人是因為討厭與人相處，才會利用書中世界逃避，或是光看書而不願意面對現實等等，並以帶有貶義的「書蟲」來形容。

但是請各位務必理解：

「解讀他人的臉色」是溝通的基本。

透過表情可以解讀他人對自己的想法、著重的部分。

那麼，我們是從幾歲開始擁有這項能力呢？

答案是**從胎兒時期就具備了**。

二〇一七年，文森・里德的研究團隊發現一件令人驚訝的事情，他們透過第3孕期（28～40週）胎兒的2張眼睛投影與1張嘴巴投影，發現胎兒表現出興致。然而，最令人驚訝的不是這個。

腦部影像化研究第一把交椅斯坦尼斯・德阿納做了一場非常有趣的研究。他在某位兒童幼稚園畢業至小學1年級結業的期間，掃描其腦部發育狀況，結果發現腦部出現劇烈變化的時候是小學入學後的第2個月，正好是開始認字、閱讀的時期。

兒童左後腦的頭皮質中，負責認識臉部的領域會在這時停止成長，改而塑造旁邊認識文字列的領域。

在這之後，認識臉部的領域會慢慢轉移至右腦，也就是腦部迴路再利用。

斯坦尼斯表示：「接受教育可以重新利用既有的腦部迴路。」

由此可知，**無論是透過表情解讀情緒，還是透過文字解讀資訊，對腦部來說都是使用相同迴路的行為**。

換言之，對腦部而言，面對面與閱讀都屬於社交行為，**因此大量閱讀就形同大量累積社交經驗**。

這就是為什麼知名的政治人物與商場領袖都喜愛閱讀，甚至沉迷於改變自己命運的那本書中。

Reader（閱讀家）終究會成為Leader（領袖）。

⑧ 純文字書能否傳遞的訊息

前面以不閱讀者為出發點，探討了各種閱讀帶來的神祕力量。這一節就要談到不閱讀者最大的理由：

覺得看純文字書很辛苦。

確實，閱讀純文字的話，就必須自行想像出每個細節。

就如「百聞不如一見」這句諺語，透過插畫、漫畫或影片等方式來吸收新知會更有效果。事實上這個想法也是正確的。

一九九〇年，華盛頓大學的心理學教授強納森・舒勒等人發表了一篇論文：

《語言會覆蓋親眼見過的記憶：世界上也有沉默是金的時刻》（暫譯）

論文中刊載這樣的實驗。研究團隊找來30名大學生，並準備如油漆賣場的色卡，每種顏色在受試者眼前出現5秒鐘後，請他們記下來。

接下來分成3組，要求受試者在30秒內執行下列作業：

【A組】以文字表現看到的顏色，並盡可能詳盡描述

【B組】在腦中仔細想像看到的顏色

【C組】先不顧看到的顏色，寫出許多與美國有關的字詞

接著一字排開6張色卡，包括一開始給受試者看到的顏色，請他們選出看過的顏色，並對紅黃綠3色分別進行了相同測試。

畢竟是30秒前看過的顏色，理應所有人都正確才對。

然而，結果相當驚人。

3色實驗中，將記憶化為言語的A組平均正確率約33％、在腦中視覺化的B組約64％、從事不相關事情的C組約73％。**諷刺的是，儘管是30秒前才看到的顏色，最費工去記的A組錯誤率卻最高**。

這種現象稱為語言遮蔽效應，言語化會扭曲對目標事物的記憶。

這代表將事物化為言語是毫無意義的事嗎？

並非如此。因為**將事物化為言語後，能以該事實為基礎，產生新的詞彙與概念**。接收到的讀者會因此獲得新的詞彙，進而從以往未曾有過的想法與視角看待世界。

易於理解且具體的視覺產物，會用到我們的理解能力；**抽象程度較高的文字，則會仰賴應用能力**。

這就是閱讀得以改變人生的原因。

第5章 重點整理

- ☑ 使人們採取行動的是疑問，而非解說。
- ☑ 透過書本遇見未知疑問時，就會自然而然地在日常中探索答案。
- ☑ 網路檢索的缺點在於會錯估自己的知識量。
- ☑ 缺乏相關知識的人生經驗，累積再多也搞不清楚意義。
- ☑ 閱讀對腦袋來說就是一種社交，因此閱讀量大的人能主導對話。
- ☑ 比起看影片，透過純文字書學習更能鍛鍊應用能力。

第6章

首次公開！
魔法閱讀法——選拔式速讀法

①究極速讀的關鍵是捨棄9成！真正的速讀法應該做到的3件事情

終於來到各位最期待的「速讀」單元了！

眾人對於速讀的看法褒貶不一。有人認為讀得快比較好，在考取執照或工作上很方便；**相反的，也有很多人認為學習速讀也沒辦法應用在日常生活中，只是浪費金錢、時間與精力而已**。

其中也有人認為：「書必須反覆閱讀、加以理解才行，速讀是邪門歪道！」

首先我要聲明，**並非所有書籍都需要速讀，我也不建議各位都靠速讀閱讀**。

畢竟像繪本、小說、漫畫這類書籍，不用他人要求，各位也會忍不住一直看下去吧？漸入佳境後，甚至還會想要慢慢品嚐劇情的推演。

此外，若是遇到足以改變命運的重要書籍，也應該多次熟讀才對。

我認為閱讀的本質，就是要找到這種命運之書。

既然如此，為什麼要學習速讀呢？

因為**想讀的書實在太多了，活用速讀法可以幫助自己更快找到命運之書**。

換言之，**這是為了遇到改變人生的一行字，並儘早活用在生活中**。

根據日本總務省統計局發表的數據，二〇一九年的新書發行總數為7萬1903本。在出版業不景氣的情況下，**竟然1年就誕生出這麼多書，平均1天多達200本！**

當然，每本書都很棒，每頁都很值得一讀。但是該怎麼做才能從茫茫書海中，找到可以改變自己命運的書呢？

以尋常速度閱讀的話，1年頂多讀幾本而已，轉眼間就會迎來新年。這時，就是速讀派上用場的機會了。

說到速讀，一般都會想到將讀到的內容全部吸收進腦中，但我要告訴各位的方法並非如此（從科學角度來看，大部分的人都難以做到全盤接收的速讀法，關於這一點後續會補充說明）。

我要介紹的速讀法，就是在閱讀的同時判斷以下3點：

【第1步】你現在閱讀的書籍，真的是足以改變人生的書嗎？

【第2步】確認是必讀書籍的話，有哪部分可以立即活用在生活中呢？

【第3步】該怎麼活用與實踐呢？

從這個角度思考，可以說9成以上的書都是現在沒必要閱讀的書籍。只要保有這個觀念，遇到改變命運之書的機率就會比以前高上數10倍。

不僅如此，第一次閱讀時，有9成的內容都可以先跳過。

沒錯！**速讀其實在「選書」這一步就開始了。首先捨棄9成現在沒必要閱讀的書，再從中捨棄9成的內容，挖掘出最重要的1成並活用於人生中即可。**

看到這裡，相信有人會忍不住驚呼：「太亂來了！名著從頭到尾都很優秀，當然要全部運用在人生中……跳過9成不就沒意義了嗎？」

確實如此。

如果名著中提出了10項絕佳建議，全部都學起來當然很好，畢竟不知道什麼時候會派上用場。但是，能夠馬上實踐的其實大概只有3項而已，剩下的7項隔天就會拋諸腦後，甚至壓根兒忘記自己讀過。

既然如此，不如從目錄中快速找到對自己而言最重要的3大重點，並儘快將其運用在人生上才能夠改變命運。

②你在這一瞬間也正用3種基準速讀

這裡要告訴各位一件令人震驚的事情，那就是任誰都擁有速讀的技能。

這並非什麼聳動的台詞，**因為人類接收資訊的本質就是速讀**。

二〇二一年，塔利・夏洛特教授等人對於人類的資訊探索有了重要發現。

我們每天都透過網路、招牌、書籍與他人交流等方式追求新知，但是並非全盤接收。研究團隊透過5項實驗發現，我們是透過3大基準來判斷是否需要吸收該資訊。

①對自己之後的行為是否有用？（工具價值）

②是否能讓現在的心情變好？（快樂價值）

③和自己日常觀念是否有關？（認知價值）

人類遇到新知時，會先用前述3大基準判斷是否有價值，才會吸收資訊。這個做法相當利己，但我們正是因此才能向前邁進。

當這種判斷功能無法正常運作時，我們恐怕會連點餐都決定不了。找工作或找結婚對象時更是如此，畢竟我們不可能和所有理想的公司或對象都相處看看，必須透過簡介與短暫碰面時的感覺慢慢鎖定目標。

探索抽象程度高的資訊時亦是如此。相信沒有人會在閱讀百科時，從「A」開始逐條閱讀；透過網路檢索時，也沒有人會看完所有網頁對吧？

人肯定只專注於自己想知道的關鍵字或項目。其中最具象徵性的就是**報紙**。各位是怎麼閱讀報紙的呢？不會每一版都從頭一字一句閱讀吧？通常都是一眼望過去後，以標題或照片來決定要細讀哪個部分。

舉例而言，想知道昨天體育比賽結果的人，第一步就是翻開體育版。

這或許是很隨便的讀法，但是只要這樣，就足以找到與家人或同事聊天的話題。

順道一提，每份新聞早報的平均字數達50萬4千字（用1份40頁、1頁上下15段、每1行12個字換算）。換算成400字文章的話，就是1260篇；換算成文庫本的話，大約是3本書。

身旁若有人能每天早上讀完3本文庫本，你應該會很尊敬對方吧？但是在優閒的早上看完整份早報的你，其實也做了一樣的事情！

③ 為什麼只有「書」無法速讀呢？

速讀很簡單，**人在自然狀態下面對書本時，理應都會速讀才對**。閱讀一本書時，只會吸收與當下課題相關、有助於獲得樂觀想法並能改變日後行動的資訊才對，否則一開始就不會去讀。

既然如此，為什麼我們會認為閱讀不可以使用速讀呢？

我想根本原因就在於正規教育中的教科書。

閱讀教科書時，我們需要從第1頁開始逐頁細讀，所以自然就會誤以為這才是最正確的閱讀方法，所有書本都理應這樣讀。換言之，這種閱讀法很早就透過最初的教育深植人心了。

因此，從途中開始閱讀或無法讀完整本書時，我們就會產生罪惡感。若閱讀的是文學作品或小說，會產生這種情緒也很正常。

然而，學生時代只要按照既定行程，按部就班讀完特定教科書即可；長大後卻必須在有限的時間內處理大量資訊，繼續沿用學生時代的做法根本來不及。

更何況資訊量年復一年地增加。

美國市場調查公司國際數據資訊（IDC）於二〇二〇年五月發表的數據顯示，二〇二〇年全世界生成、消耗的數據總量達59ZB。相較於二〇一〇年的數據總量（988EB），10年間就增長了約60倍；相較於二〇〇〇年的數據總量（6.2EB），則增加了高達約1萬倍。

資訊量正急速暴增，為此我們愈來愈需要強化資訊處理的能力。

是否要透過學習跨越這樣的高牆，就看各位的意志了。如同人生的主角是自己，**閱讀時的主角也不是書本或作者，而是我們自己！**

世界上有許多種速讀法，但遺憾的是很少能像選拔式速讀法一樣帶來高效益。

接下來我將從科學的角度，帶各位一同檢視傳統速讀法。

此外，我會特別著重二〇一六年加州大學的凱斯・萊納等人所組成的研究團隊所驗證的結果。

④ 速讀的起始與真相

「我上了速讀的課，方法是把手指擺在頁面正中央，然後成功在20分鐘讀完《戰爭與和平》，知道這是在說俄羅斯的故事。」

這是知名喜劇導演伍迪・艾倫說的笑話，諷刺靠速讀根本學不到任何事物。這個笑話指出了傳統速讀法的嚴重問題。

「一眼掌握架構後，把內容記入腦中。」

這是最普遍的速讀法，源自於一九五九年美國發表的「艾芙琳・伍德速讀課程」。

曾任高中教師的艾芙琳・伍德所推動的速讀法，轉眼就在全美造成轟動。聽講者甚至包括甘迺迪總統與卡特總統。

後來又誕生了數個流派，大多數的共通理論都是：

①放棄在腦中讀出來

②活用周邊視覺，一口氣看完整個頁面

運用這樣的原則，確實可以大幅提升閱讀速度，但是若無法理解關鍵內容，就會陷入與開頭笑話相同的狀態。

所以，首先一起來驗證這2點吧！

（我並不否定以超高速從頭讀到尾的傳統速讀法，事實上我身邊就有幾位很厲害的速讀天才。但是持續鍛鍊這種能力，實在難以有助於活用吸收到的大量新知。）

5 【速讀的真相1】在腦中讀出來才能夠理解

首先驗證第1項「放棄在腦中讀出來」。

我們在閱讀文章時，腦中會不知不覺間發出聲音，傳統速讀法認為這會拖慢我們閱讀的速度。

但是二〇一四年，馬洛里・萊寧格等人發現**在腦中讀出聲音相當重要，有助於分辨與理解字詞**。畢竟人類本來就是靠耳朵（聽覺）理解言語，而非靠眼睛（視覺）。

6 【速讀的真相2】沒看清楚的語詞就無法理解

接下來驗證第2項「活用周邊視覺，一口氣看完整個頁面」。

快速翻頁的同時，將內容一字一句烙印在腦中，隨時可以拿出來使用……若是擁有這種掃描機般的能力就好了。

我其實曾經遇過幾次這種超人等級的閱讀家。

這些珍貴的經驗都告訴我，人有無限的可能。**然而很遺憾的是，並非所有人都能夠透過訓練達到這個地步**。

就如同並非所有考到駕照的人都可以成為賽車手一樣，本書只能提出讓每個人都能確實透過閱讀帶來成果的方法而已。

雖然成為賽車手的門檻很高，但至少可以朝著在高速公路自在駕駛的等級前進。

而這種傳統速讀法難以辦到的關鍵，就在於**「人們在理解某個字詞時，必須先仔細看清楚」**。

大部分的書都是白紙黑字，閱讀時眼睛必須先確實分辨暗處與亮處。光線進入人眼後，會在眼球深處的視網膜凝聚成焦點。視網膜具有接收光線的感光細胞，能夠將光線轉換成電脈衝以傳輸到腦部。視網膜沒有確實接收到字詞時，就無法化為資訊傳遞到腦部。請各位務必先理解這一點。

這就是為什麼我們模仿超人等級的閱讀家進行高速翻頁時，只會留下滿頭問號的原因。

本書所傳授的速讀法猶如安全駕駛，並不推薦單純大量跳過內容，或是進行過度的眼球運動。**按照自己的目的掌握必要處並確實閱讀，再透過姿勢與刻意擺出的拿法拓展周邊視覺，增加眼睛能夠確實接收到的字句，才是選拔式速讀法的精髓**。

⑦ 從科學角度來看唯一有意義的速讀法？

市面上有許多提升閱讀速度的方法，但要同時提升理解度的話，選項其實並不多。接下來要介紹一項具有象徵性的實驗。

一九八〇年，卡內基美隆大學的研究團隊，將受試者分成下列3組，並請他們閱讀文章。

【A組】速讀組（1分鐘約可閱讀600～700個單字）
【B組】一般組（1分鐘約可閱讀250個單字）
【C組】跳讀組（1分鐘約可看見600～700個單字）

最後透過測試確認受試者是否有記住要點時，獲得了有趣的事實。閱讀速度約為一般人2.5倍的A組，分數比跳讀的C組好，卻明顯低於以正常速度閱讀的B組。

接著，研究團隊將文章換成深度科普文章，受試者都沒有相關的背景知識，而A組的分數竟然墊底。

由此可知，必須結合過往知識與新知，才能夠理解新的資訊。因此無論閱讀速度多快，都無法理解毫無相關知識的事物。

二〇一六年，加州大學的凱斯・萊納等人的研究團隊，彙整了速讀法歷史之後，如此表示：**「閱讀速度取決於當事人的語言處理能力，而非眼球運動的控制。」**

到頭來，世界上根本沒有「任誰都能快速閱讀完畢」的方法。

從入門書開始努力，慢慢熟悉專有名詞與理論脈絡，才是最具意義的速讀法。

⑧ 獻給忙碌的你——科學家也推薦的祕技速讀法

至此強調了學習的態度非常重要。

儘管如此，如果這就是結論也太無趣了對吧？忙碌的人生中還是需要一點祕技。

請各位放心，凱斯・萊納等人的研究中給予一個方法好評，那就是**略讀**。

不要閱讀整份文章，而是僅挑選對自己來說最重要的部分詳讀。開會前確認相關資料、考前猜題或總複習的時候，相信每個人都有做過吧？事實上，這種做法也可以在閱讀時派上用場。

略讀的關鍵在於「意識到目的」，也就是只想知道某方面的事情。

研究團隊提倡使用以下方法增進略讀效果：「**有效的略讀是先檢視標題、目錄與關鍵字，從可能跟自己有關的領域開始探索**。」接著只要針對與自己有關係的部分仔細閱讀即可。

團隊也建議在略讀的過程中，加以思考想活用在人生或職場上的有哪些。

看到這裡，各位或許會這麼想：

「無論是多麼優秀的商務書或自我啟發書，跳著讀就沒意義了吧？」

我非常明白各位的心情，因為我原本也是這麼想的……

但是請仔細思考：

「將一本書從頭到尾分好幾天看完，總共花了約3～4小時，遇到重點還會畫紅線詳讀，結果幾天後就忘得一乾二淨了。因為不記得，就沒有採取行動，人生也因此毫無變化。雖然讀完時非常滿足，實際上卻只是將時間、金錢與精力浪費在這本商務書或自我啟發書上而已。」

兩相比較之下，哪一種比較好呢？

這與用傳統速讀法每年讀300本書，但是什麼都不記得也什麼都沒做、人生完全沒有因為閱讀而產生變化，根本是一樣的。

如果一直維持這樣的閱讀方法，遲早會懶得再閱讀。

因此，我要告訴各位的最強速讀法。

這是運用了前述科學方面的見地，以及我長達半世紀的閱讀經驗、速讀指導經驗而來，相信能帶給各位不一樣的閱讀體驗。

⑨ 適合訓練速讀的選書3大條件

各位可以按照自己的目的，將這個方法運用在各種書籍上。但是還不太熟悉時，可以先挑選符合下列3大條件的書籍：

【條件1】軟皮且較薄的書

因為比較好翻。

【條件2】閱讀後可活用在人生而非鑑賞類的書

這類書籍較易於牢記自己的目的，像是屬於非虛構作品的商務書、自我啟發書或實用書等。

【條件3】紙本書比Kindle等電子書還要適合

相信有很多人會使用Kindle等電子書閱讀器。

電子書閱讀器確實相當好用，不占空間且檢索、記錄都很輕鬆，還可輕易讀到外國書或絕版書。不僅如此，電子紙墨水螢幕的畫素與明度都很穩定，相當接近紙本。

既然如此，為什麼還要推薦紙本書呢？

二〇一九年，安妮・曼根等人發表了一項有趣的研究。

研究團隊請50名年輕人分別使用紙本和Kindle閱讀28頁（約1萬800個字）的短篇小說，最後測試他們的理解狀況。測試中，會詳細問到小說角色、場所名稱以及對內容的理解等，結果2組的平均正確率差不多。

只有某個領域出現明顯差異，那就是與小說時序有關的測試。**研究團隊請受試者將小說中的14個用詞按照時序排列時，紙本書組的正確率比Kindle組高了約39%**。

為什麼會發生這種現象呢？

研究團隊指出關鍵在於書本所擁有的「固定性」。

人們會透過書本的尺寸與重量推測其內容量，左右手在拿書時就分別出了已讀與未讀的份量，因此很清楚自己身處於名為書本的空間中。**書本這個空間會受到故事場面的牽動，翻頁時的手指動作也帶領讀者參與了劇情的推演**。

此外，使用紙本書閱讀的時候，想要回頭確認埋哏的段落時非常輕鬆。

而電子書是整體均質的媒體，難以用直覺判斷整體走向與現在閱讀到哪個進度。這會對讀者的認知造成負擔，有礙理解故事的時序。

能夠立刻回顧自己覺得重要的段落，對讀者來說是非常有助益的。所以請各位先**準備一本軟書皮且偏薄的商務、自我啟發或實用書吧！**

⑩ 首次公開！魔法閱讀法——選拔式速讀法

接下來，終於要公開我所推薦的魔法閱讀法了！這是整合科學見地、解讀偉人後的心得所研發出的閱讀法。

只要擁有這項技能，各位也能站在選書的優勢立場，成為「書籍面試官」。無論作者有什麼想法、世界給予多好的評價，只要是對現在或未來的自己沒有幫助的部分，就先毫不猶豫地跳過吧。一流企業的嚴謹面試也是如此。

即使是眼前的這本書，只要透過封面或目錄判斷「沒必要閱讀」，就請立刻放下。因為即使讀了這本書，最後有機會運用在你人生上的，可能也只有幾行或幾頁而已。

反過來說，透過這種速讀法篩選到最後的文章，肯定能夠立即為你增添戰力。我稱這種重視本質的閱讀法為**「選拔式速讀法」**。

善用選拔式速讀法的話，約10～15分鐘，就能從一本書中找到人生下一步行動所需的那一行字。連同行動、制定計畫在內，只要花20～30分鐘而已，熟練的話甚至可以15分鐘就完成整套流程。

1天24小時共有1440分鐘，15分鐘約等於1%。換言之，每天只要投資1%的時間，就能獲得莫大回饋。而且一旦養成這樣的習慣，就能夠持續一輩子。

持之以恆1天花15分鐘閱讀一本書，各位的未來能拓寬到什麼程度呢？

我將選拔式速讀法分成下列10個步驟：

【步驟1】明確決定好現在想透過閱讀解決的課題、實現的目標……約30秒
【步驟2】放鬆心情以喚醒速讀腦……約30秒
【步驟3】從目錄、書腰與封面想出3個問題……約2～3分鐘
【步驟4】預測答案（解答式閱讀）……約1分鐘
【步驟5】想像理想狀態……約10秒
【步驟6】擴大認知範圍（交流道式閱讀）……約70秒
【步驟7】尋找有益人生的啟發（事件式閱讀）……約10～15分鐘
【步驟8】將學到的事物結合自己的經驗（體驗式閱讀）……約2分鐘
【步驟9】決定好自己的下一步……約2分鐘
【步驟10】做筆記，使投資報酬率達到最大（記錄式閱讀）

沒有每個步驟都做到也無妨，請至少試著在閱讀時用到1個以上的步驟吧，光是這樣就可望看見效果。那麼接下來就要詳細解說每一個步驟了。

⑪【步驟1解說】將想創作遊戲的無業年輕人轉變成富翁的加速學習精髓

【步驟1】明確決定好現在想透過閱讀解決的課題、實現的目標

選拔式速讀法的步驟當中，這是最重要的一步，因為目的與目標可以加快學習速度。到底是為了什麼閱讀這本書呢？最重要的就是「想提高○○能力」、「想獲得○○實力」這種欲活用的明確目的，而非閱讀這個行為本身。

這裡要介紹一件真人真事。有個名叫《星露谷物語》的網路遊戲，可以線上打造自己的農場，就像《集合啦！動物森友會》一樣。**事實上這個遊戲是由某位男性透過自學打造的**。

製作者名叫艾瑞克・巴隆，他受到日本遊戲《牧場物語》的啟發，大學時學習程

式設計並立志開發遊戲。

如今開發一款遊戲，往往需要以億為單位的資金與數千名工作人員，他卻打算一個人實現，因為他對自己的構想很有自信。

儘管如此，這實在是有勇無謀。畢竟遊戲開發除了寫程式之外，還有各式各樣的作業要操辦，包括作曲、像素畫、音效設計、劇本……通常會由各領域專家負責，但是艾瑞克只能憑一己之力完成，因此他制定了這樣的方針——**首先想好要達成的目標，接著思考該怎麼實現**。

也就是說，艾瑞克的自學並非從入門書開始學習，而是先決定好想打造的遊戲內容，再按照內容所需，精選出必要的部分後一口氣學好。

這段過程中，他反覆著實踐學習與觀察模型，沒有出去找工作，而是花了5年專注在遊戲開發上。

這份努力最終獲得了回報。二〇一六年上市後，立刻在全世界大熱賣，獲得銷售300萬份的紀錄。

評論家也讚賞遊戲之美，最後**艾瑞克一躍成為富翁，成為富比世排行榜未滿30歲的30位富翁之一**。

明確的目標與目的能夠將學習效果提升至此，各位自然也能藉此獲得成果。

那麼，各位想實現的目標是什麼呢？

你想成為什麼樣的人？實現什麼樣的夢想？未來將為此選擇什麼樣的書呢？

⑫【步驟2解說1】吸引法學習的唯一條件

【步驟2】放鬆心情以喚醒速讀腦

專注力是速讀時不可或缺的條件，**但是人類想專注時就會變得緊張，進而感受到壓力**。這會降低學習效果，讓人難以看不見好資訊。

這節要介紹一項有趣的實驗。曾為魔術師的獨特心理學家李察・韋斯曼博士做了令人驚奇的實驗。

他將報紙的一部分交給受試者，請對方算出上面的照片數量。大部分的人都在2分鐘內完成。

事實上，報紙上設有機關。第2頁有一半的版面，都用3公分的大字寫著這樣的訊息：「請停止計算，這份報紙總共有43張照片。」不僅如此，正中間的版面還寫有：「請停止計算，告知看見這個訊息的人，將可獲得100英鎊。」**但是完全沒有受試者注意到這些訊息！**

受試者們都專注在完成課題上，擁有明確的目標。

然而，正因為太過專注，他們都錯失了完成課題的捷徑與令人驚喜的獎勵，而這其實也與幸運度有關。

韋斯曼博士在「幸運者」與「不幸者」研究中，發現了值得深思的性格傾向，那就是精神官能症的傾向。

幸運者的緊張與焦慮程度，僅不幸者的一半以下。對此韋斯曼博士表示：

「幸運者較冷靜放鬆，所以比較容易注意到偶然的機會。」

速讀也是一樣的道理。

書中充滿了可能性，甚至有著可能會顛覆最初目標的新發現；但是專注於速讀這件事情的話，就很容易漏看這些可能性。所以進行速讀時，除了要強烈意識到自己的目的外，也應保有不會錯失線索的餘裕，需要保持冷靜和放鬆。

然而，該怎麼做才能夠實現這一點呢？這裡要介紹2個方法。

⑬【步驟2解說2】放鬆的準備：慢慢拓展視野

第1個放鬆的方法，關鍵在於姿勢上。

相信各位在小學時就經常被叮嚀：「閱讀時背要挺直。」確實閱讀時總會忍不住往前傾，導致呼吸變淺、較難專注。但是，挺胸閱讀也會因為姿勢不自然而疲憊。

因此，我建議各位**視線往前跟隨文字，心思（意識）擺在後方**。就像新手開車時，容易因為緊張而變得視野狹窄；但是隨著熟練之後，視野就會慢慢拓寬，而且可以長時間專注。

人的認知會隨著這樣小小的意識轉換而發生變化。

二〇〇三年，艾雅蕾・費雪巴赫等人發表了值得玩味的研究。實驗非常簡單，只是準備了7張美國地圖，請62名受試者各盯著看5秒而已。

不過研究過程中，研究團隊會對受試者施以下列指示：

【A組】看整個地圖，不要把視線集中在特定地區或州——擴展知覺範圍

【B組】專注看著地圖中心的紅點——縮小知覺範圍

接著請受試者從這7張地圖中，分別舉出認為最罕見的名稱，結果出現了明顯的差異。**注意力擴散開來的A組，回答出非典型罕見答案的機率，比注意力狹窄的B組高了約11%**。

只要稍微改變意識的位置，讓視野變得寬廣，就能夠擴大內在聯想能力，對內容的吸收效率也會提升。

因此不要只有準備階段留意姿勢，速讀過程中也別忘了保持這個姿勢。

⑭【步驟2解說3】放鬆的準備：8-4-4呼吸法

第2個放鬆的方法，關鍵在於呼吸。「息」字是由「自」與「心」組成，古今中外，呼吸法都是讓心靈放鬆時不可或缺的方法。

二〇〇四年，麓正樹發表的實驗中，請受試者以自在的方式進行腹式呼吸，約花

9〜12秒吐氣，再花6〜8秒吸氣。

結果發現**不用閉上雙眼，腦內在開始腹式呼吸約5分鐘時就出現α波，並一路增強直到實驗結束**。

α波是人們感到放鬆時會釋出的腦波，有助於提高記憶力、專注力與創造力。因此，速讀時最好能夠在眼睛睜開的狀態下釋出α波。

這裡要提出**8-4-4呼吸法**就是基於這個原則，請坐在椅子上進行。

①首先花8秒鐘讓上半身慢慢倒下，同時吐光肺部的空氣
②接著花4秒鐘慢慢抬起上半身，同時吸氣
③最後維持上半身挺起的姿勢，屏息4秒鐘

3步驟為1循環，反覆進行到覺得放鬆為止。通常只要1〜2分鐘，內心就會變得平靜，有些人腦袋也會變得清晰。

熟練之後，不用1分鐘就能夠沉澱內心。

此外，不喜歡8－4－4這個節奏的人，也可以視情況改成6－3－3，想要更加放鬆時則試著採用12－6－6吧。

除了速讀以外，也可以在每天的正念時間運用這個呼吸法。

⑮【步驟3解說】親臨選拔

【步驟3】從目錄、書腰與封面想出3個問題

這時，請各位別僅著重於內文，試著從書名、目錄、封面、書背、書腰、前言與粗體字等資訊，用提問的形式找到當下最想獲得的3種資訊，並記錄下來。

想出更多項目也無妨，但是一開始請先控制在5個以內。若想出的問題與步驟1

的目的息息相關就更好了。時間可以花到3分鐘左右，因為這是非常重要的步驟。

如果這一階段都沒有想到適當的問題，就請果斷放下這本書。

無論是評價多好的熱賣書籍，也不適合現在的你，適當的時機遲早會來臨。對於現在的你來說，還有更優先的書存在。

很多人都沒有這個概念，無法做出「現在不用讀這本書」的判斷，因此不管三七二十一先讀再說，結果往往半途而廢，不僅浪費時間，還陷入自我厭惡。

因此，這個步驟就是在進行書籍的「書面審核」。

事實上，作者與編輯的心血，也都灌注在書名、目錄、封面、書背、書腰、前言與粗體字等資訊上。平常看到電影或電視劇的預告時，若是覺得沒有吸引人的地方，就不會去看對吧？作者們其實也經常在思考如何讓自己的作品「雀屏中選」。

各位或許會抱持這樣的疑問：「書中內容這麼多，真的只要3個問題就夠了嗎？」確實，3個問題定生死會覺得有些草率，但是假設決定是否拿起這本書是第1次審查，那麼這3個問題與答案就是第2次審查。

第2次審查通過之後，不妨再花15分鐘多想出3個問題。

閱讀時，應該有機會想出無數問題對吧？包括字句的意思、作者的主旨、有助於消除困擾的關鍵、能夠立刻實踐的事項等等。

當發現問題與步驟1設定的目的有密切關聯時，就先記在腦中，從中記下最重要的3個問題。

即使只有一開始所想的3個問題找到有益資訊，這本書也已經對你實現了最起碼的意義。在這之後，比起輸入更多新知，輸出習得的事物會更重要。

就算一口氣從作者手上獲得10項絕佳提案，恐怕也只有1項能馬上實踐。所以第2次審查合格並完成初步實踐後，再找出新的問題加以實踐吧。只要反覆這麼做，自然會發現命運之書。

這種做法不僅可以運用在速讀上，還可以用在製作簡報或企畫書上。

⑯【步驟4解說】預試效應——愈出乎預料就愈加速學習！

【步驟4】預測答案（解答式閱讀）

步驟4要花15秒左右的時間，以直覺為步驟3想出的3個問題排出先後順序。接著在透過內文實際探索答案之前，先自行預測答案，**假設「書中肯定是這樣寫」**。這段過程約耗時1分鐘。

這時，各位或許會有這樣的疑問：「反正一定猜錯，這樣有意義嗎？」

事實上正因為會猜錯才有意義，這就稱為**預試效應**。

二〇〇九年，琳賽・里奇蘭等人發表了劃時代的研究。研究團隊將76名學生分為2組，閱讀色盲相關的醫學隨筆，並以教材填空題確認其理解程度。

【A組】閱讀教材前，先做填空題測試2分鐘

【B組】閱讀教材時間增加2分鐘

看到這裡，各位應該會想：「還沒閱讀教材就先考試，肯定答不出來吧？」正是如此，事實上A組的正確率只有6%而已（預試結束後不會告知解答）。

然而，事後考試的結果相當驚人。

閱讀前先解題過的A組正確率，比單純增加閱讀時間的B組高了約30%。因為事前解題會產生對教材的假設，如此一來，閱讀時遇到與假設相關的內容就會更加專注，有助於強化學習效率。

研究團隊表示：**「所有的學習者都應將考試當成有意圖的練習。」**

閱讀前的假設愈明確，閱讀過程中對這部分的學習就會愈深入。這種方式不僅可以運用在速讀上，基本上所有檢定的學習都適用。

⑰【步驟5解說】10秒導向最佳狀態的想像與話語魔法

【步驟5】想像理想狀態

這步驟請想像閱讀完時的理想狀態，並且給予自己肯定的話語。

以簡潔有力的語句，肯定理想中的自己或結果，諸如**「我從這本書學到3項改變人生的新知」**、**「我讀完這本書後，就下定決心做〇〇」**等等。

10秒左右即可，最後再搭配一句「謝謝」就更好了。話語本身就具有一定的力量，經過實際想像後，更可以提升數倍。

各位對自我肯定的語句或許會抱持這樣的疑問：

「這只是種自我安慰吧？」

不，並非如此。近年已經有科學驗證自我肯定的效果了。

二〇一六年，珍寧・杜契等人測試一群受試者的腦部活動。

這些受試者都有明確價值觀及高度的自我肯定。研究團隊發現他們的內側前額葉皮質與楔前葉等處相當活絡，而這些正是主要用來思考自我的領域。此外，他們的神經犒賞領域（腹側紋狀體）也大幅活化，這會促進人的行動（運動）。**這代表人們可以透過自我肯定，變得即使遇到重大挫折也不氣餒，能夠持續樂觀前進**。

「自我肯定的話語×想像」不只能在速讀時派上用場，還可以用來提升日常的幹勁。我所提倡的「寶地圖」也大量運用這個理論，並且確實提升了成果。

⑱【步驟6解說】可看出腦部認知能力強化的特異效果

【步驟6】擴大認知範圍（交流道式閱讀）

這也是實際閱讀前的準備工作之一，能輕鬆急遽提升解讀書籍的能力。

我們很常聽到，遭遇交通事故前1秒或是體育比賽決勝負的關鍵1秒時，會覺得時間彷彿停止了，相信也有人實際經歷過吧？這些實際經歷過的人，都能夠將世界看得更清楚，並且發揮更強大的專注力。

這個現象稱為**特異刺激效應**。持續接受反覆的刺激時，人們會在預測到下一波刺激來臨前做好準備，代謝成本也因此降低。

但是，這時突然出現特異的刺激時會怎麼樣呢？腦袋面臨不同以往的刺激時，必須瞬間做出「挑戰」或「逃避」的決定。為了盡可能掌握更多判斷材料，會調節腎上腺素，延遲體內的時間認知。**如此一來，在知覺持續的時間內，感知範圍會比平常更廣，映入眼簾的事物也會更鮮明地留存在記憶中。**

基於這個原則，我們在速讀時可運用實際閱讀的書本，刻意讓腦部產生錯覺，以便在短時間內清晰掌握可解開疑問的答案或關鍵字。

做法如下：

【準備】拆下書皮並大肆翻頁或壓平書頁，使書變得更好翻。

接下來，要在看書的同時超高速翻頁。

這裡需要運用手翻書（將多張描繪連續場景的畫疊在一起再快速翻頁，就能透過殘影效果將靜止畫變成動畫）的原理。

①以1秒翻2次，10秒翻20次的速度翻完整本書，同時要看著書。

②以1秒翻1次，10秒翻10次的速度翻完整本書，同時要看著書。

③以2秒翻1次，10秒翻5次的速度翻完整本書，同時要看著書。

④以5秒翻1次，10秒翻2次的速度翻完整本書，同時要看著書。

⑤以10秒翻1次的速度翻完整本書，同時要看著書。

⑥隨便翻開一頁，以超高速從最上面的文字看到最下面的文字（20秒）。

一開始20秒或許只能看完15～20行，不過仍請慢慢增加可以看完的行數吧。訓練過程只要運用免費的速讀APP即可輕鬆辦到。

總計時間約70秒，關鍵在於拿書的方式。

假設是一本直排書（橫排書會相反），右撇子的人一般會用左手固定書本、右手翻頁對吧？但是請讓左手作為輔助，讓右手以流動的方式翻頁，並保持放鬆的姿勢。

一開始可能什麼都看不見，但是只要反覆執行多次，文字就會突然變得清晰。

當然，這時依然看不懂細節。但是光是這個步驟，就能夠讓腦部「熟悉」整本書，之後在為自己的提問檢索答案時，就會變得更輕鬆。這時想必會感受到腦袋自動高速運轉的感覺。

各位是否曾有過從高速公路下交流道，剛減速進入一般道路時，發現窗外景色慢慢變得清晰的經驗呢？

這種方法就如同下交流道一樣，所以稱為「交流道式閱讀」。

不僅可以運用在速讀上，聽語音教材時也可以派上用場。

⑲【步驟7解說1】容易在腦中留下記憶的是什麼？

【步驟7】尋找有益人生的啟發（事件式閱讀）

接下來終於要正式閱讀內文，為前面設定的疑問尋找解答。耗費在每個問題的時間約4～5分鐘，總共約12～15分鐘。這裡運用的是科學家也很推薦的速讀法——略讀（192頁）。

要特別留意的是，閱讀目的比對內容的好奇心更重要。換言之，要著重在實踐這個內容後，未來行動、職場或人生會產生什麼變化。

參考目錄設定出問題後，若找到可以解答的部分，就畫線或是做筆記。**此外，別忘了進一步閱讀周邊內容**，可能藏有更有用的資訊。

這個步驟時，希望各位著重的是**事件**。

像是實際經驗分享、故事或寓言等，3個問題中最好要有1個的答案來自於這類內容。當然，如果3個問題各有相應的事件就更理想了。

這部分極其重要，因為閱讀完只獲得滿足感的人，與能回想起書中精華並受用一輩子、改變人生的人之間，有著天壤之別。

這也可以說是我撰寫本書的理由。因為在這階段記住的事件，日後將幫助你想起書的重點。

這裡向各位分享一個事件。

美國首屈一指的名校史丹佛大學，每年都會舉行一個讓才智出色的學生們大感驚訝的課程──**打造烙印在記憶中的點子**。

老師會將學生分成小組後，提供政府的統計資料，要他們分別站在「是否要加重罪刑」的正反立場上，進行1分鐘的演說，並按照說服力給分。菁英學生們都很擅長這類課題，人人都說得頭頭是道，且這時最重視的就是話術。

但是真正的課程其實現在才開始。

指導教授奇普・希思讓大家休息10分鐘，並播放搞笑影片讓學生鬆懈下來後，提出這樣的課題：

「請拿出紙張，從剛才大家的論述當中，盡可能寫出自己記得的部分。」

這時學生們都啞口無言。每個學生都在演說內容中，放入了準備資料中的「統計數據」，且平均放了2.5個。然而，儘管是10分鐘前才聽過的內容，**能夠想起這方面的學生卻僅有5％**。

較多學生想得起來的部分是「事件、故事」。雖然只有10％的學生在演說中添加個人想法與充滿人性的事件，**但竟有63％的學生正確還原這些部分。也就是說，事件殘留在他人記憶中的機率比數據高達約12・5倍**。

由此可知，**將從事件中學到的新知結合自己的經驗，或是將事件獲得的想像轉換成言語，都是非常重要的環節**。

⑳【步驟7解說2】直接閱讀可以100％避免多餘視線

此外，還有一個更有效率快速閱讀內文的技巧，那就是**直接閱讀**。

做法相當簡單，**只要用手指當作指引，沿著正在閱讀的部分滑動即可。關鍵在於手指速度要比平常閱讀速度更快**。

即使達平常閱讀速度的2倍也無妨，理解程度並不會因此極端下滑。

我們的眼睛好奇心旺盛，很容易在受到刺激後抄捷徑。不時採閃電走法、奔馳或赫然停步，有時候還會跳到別頁，然後又得浪費時間把視線繞回原本的位置。這麼做不僅拖慢閱讀速度，還很容易疲勞；但是**只要讓視線跟著手指移動，就能夠賦予眼部運動一定的節奏，猶如音樂演奏時的節拍器**，有助於整頓視線的多餘或不規則運動。

此外，還有助於**專注於理解**。

手指沿著現在閱讀的位置行進，可以防止注意力分散到其他文字。想進一步提升閱讀速度時，就不要滑動手指，而是將手指點在每一行文章的區塊。

假設書中每行40個字，試著一眼看完10個字，每行僅移動視線4次。若是直排書的話，就將左手食指擺在10個字的正中央（由上數來第5個字）左側，以一定的節奏「咚、咚、咚、咚」地跳動4次。如此一來，視線自然會隨著這個節奏快速移動。

熟練之後，就可以加快手指節奏，將每行切割成3個區塊、2個區塊，甚至1次1行、1次2行……（請參考294頁的附贈解說影片。）

這麼做就會意識到，善用手指這種會輸送大型訊號給腦部的器官，有助於延長專注時間，讓思緒更加清晰；相反的，不使用手指時，腦袋就會愈來愈渾沌。

剛開始或許會覺得手指動作很礙事，但是很快就會習慣的。

此外，熟悉之後就不會有多餘的視線移動，屆時不出動手指也無所謂了。但是專注力不足或是想睡時，用手指輔助閱讀仍然是相當有效的方法。

如果在「直接閱讀」這個步驟仍找不到與目的或事前設定問題的關聯性，就果斷離開這個部分，跳到其他重要的位置吧！

㉑【步驟8解說】用閱讀照亮人生滯銷品

【步驟8】將學到的事物結合自己的經驗（體驗式閱讀）

這個步驟可說是最有意義的時間，因為要正式把從書中吸收到的3大重點化為自己的血肉。

這時，請準備筆記本等可以書寫的物品。然後**什麼都不要看，寫出腦中還記得的書中啟發。接著寫下相關經驗、共通知識、聽說過的事件等**。

相較於確認書中內容，這個過程比較偏重整理自己的內在，具體留下從書中獲得的事物，以便在未來活用。

很多人都不會這麼整理。因此無論多麼深受書本感動，感動消失之後馬上就會恢復原樣。聽到他人詢問這本書時，也只能回答「是本好書」而已。

但是整理過自己內在後，書本內容就會化為自己的血肉，能以自己的方式敘述。
哪一種比較吸引他人，讓機會更容易停駐呢？
哲學家約翰・杜威曾經表示：
「我們並非從經驗中學習，而是從回顧經驗中學習。」
隨著年齡增長，我們會獲得許多經驗。但是很多人都不願意花時間省思經驗，就打算繼續往前進。
二〇一六年，哈佛商學院的經營學家法蘭西絲卡・吉諾等人發表了一項研究，他們邀請256名受試者挑戰數次有獎金的數字推盤遊戲。
第1場與第2場之間有個空檔，受試者可以從下列兩者挑選一件事情去做：
【選項A】回顧第1場的戰略，寫下第2場的改善計畫
【選項B】執行同類型的其他推盤遊戲，反覆實踐

各位會選哪一個呢？結果有82％的受試者都選擇選項B的實踐練習。

但是第2場時，選擇回顧經驗的A組正確率卻比實踐練習的B組高了約19％！

閱讀時，回顧自己的經驗並結合書中的新知，是最有意義的行為。這麼做能夠讓內在宛如滯銷品般無用的經驗，獲得重新發光的機會，還可以重新評價過去的自己，帶來更多邁向未來的點子。

極端一點來說，如果能夠更有效率地提取人生經驗，就能永無止盡地拿出最佳身心狀態、幹勁、自信等已經淡忘、卻能讓人生更富光彩的智慧。

閱讀可以引導出我們的潛能。

書籍本身就是智慧的精華，但是每本書的資訊量頂多10萬字左右。相較之下，**我們一輩子會將無限的資訊烙印在腦部、身體等全身細胞中，集結了遠超書本的智慧**。

若是能夠找到這些智慧，就得以達到「答案自在心中」的境界。**透過書本踏向內在無限的智慧，可以說是閱讀的醍醐味**。

㉒【步驟9解說】讓91%的人實際採取行動的計畫法

【步驟9】決定好自己的下一步

終於到了要將投資報酬率最大化的步驟了。

這裡**要以從書中學到的事物為基礎，實際寫出今天開始1週內就可以執行的事情**。可以的話，明確標出72小時（3天內）、24小時（今天內）要做的事情會更好，這裡請花3分鐘左右的時間完成吧。

制定計畫時有個訣竅，在此先介紹一項實驗。

二〇〇一年，巴斯大學的莎拉・米恩等人發表了這樣的研究。研究團隊對248名受試者解說1次運動20分鐘以上的效用，並花了2週調查大家的實踐狀況。

成為書籍面試官的選拔式速讀法

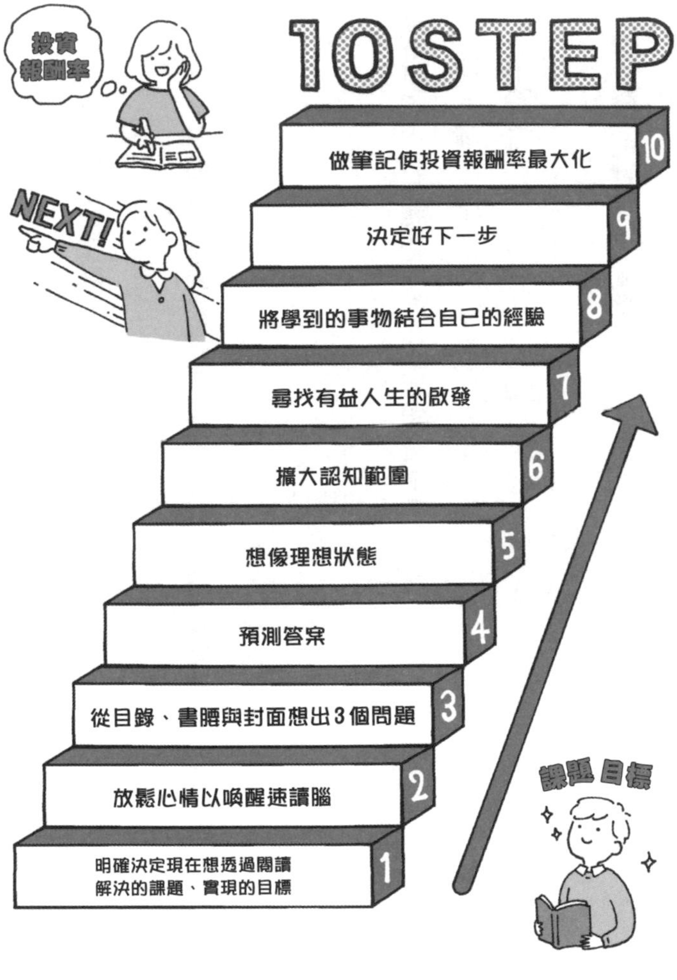

並請一部分的受試者制定這樣的下週實踐計畫：**「下週的『某日某時』要在『某地點』至少執行20分鐘的劇烈運動。」**

也就是說，請受試者宣告要實踐的時間與地點。

結果相當有趣，**3週後的最終調查中，竟然有91％的人確實做了劇烈運動**，比沒有宣告組高了約59％。此外，沒有執行的9％當中，沒有人找藉口表示：「忘記要做運動了。」

制定行動計畫時，請連時間地點一起決定吧！

我建議有意成為講師的人，連會場都一起預約好。

實際做出行動讓自己無法退卻，不僅在速讀時有用，制定各種目標與計畫時都可以派上用場。

接下來就是行動！實踐！挑戰！

㉓ 一般人會被「價格」牽著鼻子走，成功人士會重視「價值」

我在人生低谷時，導師曾告訴我：

「世界上沒有比書本還物美價廉的事物了。」

緊接著，又告訴我價格與價值的不同。

「你總是只想著錢，才會搞到負債累累……因為你凡事都會下意識做出價格『好貴』、『好便宜』等判斷，就連人生大事也以此為準做決定並行動。

試著把判斷基準從價格改成價值的話，就能夠把這場危機轉變成機會。」

聽完這番話，我仍尚未完全理解箇中含義，導師又繼續表示：

「有時以便宜的價格買了二手車，結果為了故障與維修勞心勞力還得花錢，覺得早知道就買新車了……有時會發生這種事情對吧？

大部分的人都光憑價格的高低在做判斷，結果因小失大。

相反的，高級手錶、高級珠寶等奢侈品雖然昂貴，卻能夠世代傳承。而且別說跌價了，價值還可能翻漲到原始價格的數倍、數10倍。

大部分的物品無論原始價格高低，價值都會年年下降。其中唯一價值肯定會上漲的，就是自己的價值。也就是懂得把金錢與時間用在提升自我價值的人。

猶太人就是全體都致力於做這件事情的民族。

若問『世界上最重要的是什麼？任誰都無法奪走的是什麼？』他們從小就被教育『不是金錢、鑽石或土地，而是代表知識的腦中事物。』也就是說，他們從小就知道要不斷提升自己的價值。

而**提升自己的價值最具代表性的方法就是閱讀、學習，並且將之運用在人生上**。

只要能夠從1500圓的書中獲得至少1個智慧，就能受用一輩子，並產生無限價值。

但是，從書本、學校、導師身上獲得100個或200個智慧，卻不懂得留心並用來改變人生的話，就太可惜了。

價值往往無法用價格呈現，但是至少在學會判斷價值之前，要經常思考事物有多少價值？能夠產生出多少價值？所以記得仔細想想：

『這頓午餐的價格是1千圓，實質上的價值是多少呢？』

『這部電影的價格是1500圓，該怎麼造就高於這個價格的價值呢？』

『這個商品比其他類似商品貴1千圓，人們感受得到什麼樣的價值呢？』

我相信從中肯定能夠得知一件事情。

那就是世界上沒有事物像書本一樣，可以帶來如此龐大的價值……」

我確實在意識到這件事情後，人生獲得了大幅的翻轉。

而這其中也藏著許多人並未實踐的祕密。

㉔ 開闢作家、講師之路的1億圓筆記祕密

導師：「我說過**Reader會變成Leader**，但是這之間藏著一個不能忽視的重點。」

我：「除了將投資報酬率最大化的閱讀法以外，還有其他重點嗎？」

導師：「沒錯，那就是閱讀後要複習。」

我：「意思是，當我們遇到改變命運的書或是值得當成人生指標的書時，要反覆閱讀嗎？」

導師：「這樣說也沒錯……」

導師接下來告訴我的，是要實踐讀過的內容。

簡單來說就是……

「世界上有2種閱讀家，分別是①只讀不用的人與②將學得的智慧記在筆記本或電腦的人（導師在告訴我這段話時，還不是每個人都擁有電腦的時代）。

記的人。

而閱讀後會做筆記的人又分成2種，分別是③只記不用的人與④定期重新檢視筆記的人。

但是，只做到這一步就太可惜了。⑤只是重新檢視筆記的人與⑥將筆記中的智慧重新組合成獨特智慧的人之間，也會產生極大的差異。不僅如此，有心的話，甚至可以⑦從讀者變成作者。

你想透過閱讀，大幅改變自己的人生對吧？到時候你或許會希望用同樣的方法拯救更多的人，進而想要成為作者。

你想當讀者就好？還是希望成為作者？無論哪一條路都無妨。

如果希望成為作者，向更多的人分享這些智慧，那麼從閱讀的投資報酬率最大化來看，這幾點就相當重要：

②將學得的智慧記在筆記本或電腦

④定期重新檢視筆記

⑥將筆記中的智慧重新組合成獨特智慧

⑦從現在開始為了日後傳授他人而做準備。」

自此之後，我就不再只是一味地速讀，還會認真地記錄速讀過的內容。由於我還揹負債務，因此就拿出了第4章介紹的書，以及金錢、商務方面的書籍，不厭其煩地反覆閱讀後，濃縮成精華並加以實踐。

我向朋友等周遭人分享自己統整好的內容後大獲好評，漸漸獲得演講的委託，並成功整理成冊。等我回過神來，已經發展成各種講座，如「豐盛講座」、「實現夢想的寶地圖講座」等，逐漸受到歡迎。

此外，我免費贈送的小冊子也深受大家喜愛，還曾有某位不動產公司的社長因為很欣賞小冊子的內容，進而參加「豐盛講座」。參加完後，除了講座費用外，他還加碼給了30萬圓的報酬（以30年前的外包講師來說，這根本就是奇蹟）。

總而言之，我留下的筆記變成小冊子後，又發展成一連串的著作。

我透過確實活用筆記的「記錄式閱讀」，讓選拔式速度法的投資報酬率有了飛躍性的成長。

下一章開始，我就要來談「讀書會」。速讀與讀書會是兩碼子事，但是我希望各位可以搭配運用，而這也是有原因的。

讀書會本身就不容小覷，是能讓人生扶搖直上的社群入口，還請各位敬請期待。

第6章 重點整理

☑ 閱讀是透過捨棄9成達到10倍活用。

☑ 各位天生具備速讀能力，以及過濾無用資訊的能力。

☑ 速讀時不要模仿天才的做法，要按照目的精挑重要內容。

☑ 速讀就是在面試書本，從科學角度展開選拔式閱讀。

☑ 搭配改變人生的步驟，最快15分鐘讀完一本書。

☑ 一般人會被價格牽著鼻子走，成功人士會重視價值。

第7章

帶來豐盛成果的最佳第一步——舉辦同步讀書會

① 速讀後最好舉辦讀書會的理由

將速讀與讀書會視為成套活動，能夠將效果擴張至最大。因此本章的主題就是讀書會。

各位對讀書會有什麼印象呢？是否認為就是大家輪流朗讀名著的優雅聚會呢？總覺得是與速讀完全相反的活動對吧？但是我認為速讀之後一定要舉辦讀書會才行。

理由之一，就是能夠重整自己的信念。

二〇一八年，普林斯頓大學的瑪達莉娜・弗拉斯賽努發表了一項實驗結果。研究團隊請146名受試者閱讀24條看似沒有科學根據的傳聞（像是吃大蒜有益眼睛等），之後請受試者評價（分7等）這些傳聞在科學上是否正確。接著，請他們聽聽其他受試者認為正確的傳聞後，再次評價。

也就是說，讓受試者先自行做出評價後，聽聽其他人的見解，重新審思自己的評價。這麼做是否會對人們的評價產生影響呢？

結果發現，受試者對於半信半疑（中度信念）的內容，很容易受到他人見解影響。也就是說**受試者會參考聽到的意見，調整自己的想法**。對此研究團隊表示：**「仔細聆聽其他人對信念的闡述，會對聆聽者帶來有意義的效果。」**

一如「百聞不如一見」這句話，人的信念源自於「眼睛」。對於親眼所見的事物會格外有自信，但也容易流於頑固。

這時應活用的就是耳朵了。聽到他人對相同事物做出完全不同的解釋時，才會懂得重新審視自己的看法。

這在速讀中也是一樣的。速讀是按照自己的目的，以極佳效率挖掘有用的資訊，可以說是最極致的「精修」。

以極佳效率找到對自己重要的1成，同時也捨棄了9成以上。

從作者的角度來看，這種做法肯定會有曲解內容的時候（雖說再怎麼熟讀，都還是難以避免曲解……），而這時讀書會就可以派上用場了。

參加讀書會的時候，可以聽到其他人依據自己的人生，從不同的切入點闡述同一本書。這麼做能夠幫助自己重新審視從中獲得的信念、補足捨棄的部分，從同一本書吸收更多智慧。

② 參加讀書會時，腦部產生的同步現象

推薦各位參加讀書會，還有一個真正有益的理由。那就是**說故事時會引發腦部的同步現象**。

二〇一七年，普林斯頓大學的尤里・哈森等人就針對這點做過研究。研究團隊請18名受試者欣賞25分鐘的人氣劇情片電影，接著請受試者回憶看見的電影內容，並錄下他們說明的聲音。

最後將錄音內容放給沒有看電影的受試者，請他們在腦中想像內容。所有步驟都

會透過MRI裝置測量受試者的腦部活動，結果相當有趣。

在這3個情況下……

①看電影時

②回想並說出內容時

③聽他人敘述電影內容並自行想像時

人們的腦波都極其相近！

具體來說，是後內側皮質、內側前額葉皮質、名為角回的預設模式網絡（安靜狀態的腦部神經活動）等腦部領域，會展現出相同的活動。

此外，對電影內容理解度較高的聆聽者，與做出說明的說話者，在欣賞電影時的腦神經模式同步到驚人的地步。

人類是社會性動物，會分享腦中的事物，將自己經歷過的記憶傳遞給未經歷過的他人，也會分享雙方都沒有經歷過的想像。這時，雙方的腦部就會發生同步現象。

研究團隊對此做出下列考察：「**說話者與聆聽者的腦部模式整合性，表現出超越腦部限制的傳達事件記憶品質。**」

讀書會是由讀過這本書的人，向他人表達內容與自己的想法。

前面有提過，閱讀最大的效用**是與書中角色產生同步現象**；而讀書會的腦部同步現象，則容易發生在說話者與聽話者身上，這會加深參與者之間的羈絆。

即使只是第一次見面，仍會覺得心意相通，產生找到知音的心情。**如此一來，產生出的智慧就會超越「單純對書本的理解」**。

③ 沒有讀書會，就沒有講師望月

我是任職能力開發公司的時期，才明白讀書會真正的力量。

當時我的工作是學員輔導講座的講師兼管理者。

在那個連Microsoft PowerPoint都沒有的時代，站在人前說話的講師通常必須將內容記在腦中，資歷尚淺的我很容易覺得坐立難安。

這時，我想出的替代辦法就是讀書會。

我在高中時代曾偶然參加過讀書會，結果不僅學習速度加快，也幫助到他人。我想起這件事情後，便決定舉辦讀書會，沒想到過程相當順利。

讀書會不必自行準備教材，市面上有許多名著可以選擇。不必招聘講師，也不必支付講師費，因為作者就是最好的老師。

閱讀書籍後，對照自己的經驗，調查其他著作與名人的事件等，再將筆記寫在書上，講座的準備就宣告完成。相較於從頭開始準備，這樣的準備方式順利了10倍以上，內容也相當紮實，過程也會獲益良多。

讓學員成為主體，分享彼此從書本獲得的啟發、對照自己與他人的人生經驗或事件，不同能量會自然交織成超乎想像的成果，而我只要讓讀書會順利進行即可。

參加者都會將書中內容與自己的經驗互相重疊，所以會長時間停留在記憶中。此外，讀書會也能觸發他們的行動，將閱讀到的內容立即反映在工作、人際關係與人生上，進而轉換成人生的價值。

這讓我舉辦的讀書會大獲好評。

我作為講師，並沒有耗費太多苦工，卻因此獲得好評，後續講座也都吸引了許多回頭客，甚至有許多在學員介紹下來參加的人。

這種有如讀書會的講座，為學員打造共同學習、一起成長的空間，也成為我的講座特色，讓我後來過了30年以上的講師生活。

④只有讀書會主辦者能夠獲得的6大好處

讀書會能夠在短時間內讓參加者成為志同道合的夥伴，這在一般的交流場合是很難辦到的。因此，舉辦讀書會能夠建立的關係其實相當多元化。

尤其是讀書會的主辦者，更是能夠得到下列6大好處：

【好處1】容易聚集真正可望成長的夥伴，構築最棒的人脈

即使默默無名，只要著作暢銷或是選擇的主題值得深思，平常連交換名片都有困難的高位者也可能前來參加。

【好處2】會專注於純粹的學習與夥伴的成長，自然養成領導能力

【好處3】能夠與選為主題的書籍作者之間建立深厚關係

對作者來說，著作就如同自己的孩子。有人熱烈討論自己的作品，當然會覺得很開心。因此，就能夠衍生出這樣的活用方式。

無論是多麼資深有名望的作者，新書上市時都會留意動向。這時若發現有人大量購買自己的作品，甚至熱情舉辦讀書會的話會如何呢？當然會覺得感謝，甚至想要有所貢獻。

再加上現在是能透過Zoom等工具，遠距離也能輕易交流的時代。舉辦線上讀書會的話，或許有機會獲得作者寶貴的建議，有的作者甚至願意舉辦迷你出版講座。

能夠邀請到名人的讀書會舉辦者，身價當然也會跟著上漲。我的學員當中，就有全年都在採訪作者並舉辦100場以上讀書會的人。可見人脈品質與數量能擴展得多廣。

若能與作者聯繫上，還可大幅提升影響力。

【好處4】讀書會是最佳的簡報練習場

任誰都想提升簡報能力，但是這很難獨自練習。這時，讀書會這種分享的場合就能派上用場了。

從書中獲得莫大啟發時，向同樣深受這本書感動的同伴們述說心情，也比較不會令人緊張。後面也將告訴各位適合讀書會的表達方式。

【好處5】能夠開發出獨創的內容

「我想創業，但是沒有商品或適合的內容。」

如果你有這個煩惱，就請先試著舉辦讀書會吧！找到有興趣的商務書或是自我啟發書後，試著實踐並且以報告會的形式舉辦讀書會。

你的實踐本身就是獨創的無形資產，若能夠收集大量的實踐範例，很快就會開發出獨一無二的銷售內容。

【好處6】成為最熟讀也最認真面對書中內容的人，成長力道自然最強

5 引發同步的讀書會 5 大條件

純粹就一本書暢聊當然很開心，畢竟人屬於社會性動物，最喜歡互助合作。

不過，想要獲得上述這些好處，就必須透過巧妙的表達方式，引發彼此間的腦部同步現象。

接下來，先介紹一項實驗給各位。

二〇一二年，奧斯丁・奎爾等人發表了劃時代的研究。

研究團隊請28名受試者在1分鐘內走出迷宮，並將受試者分成單獨挑戰組與雙人挑戰組。

檢測雙方在實驗過程中的腦部活化狀態後，獲得了有趣的結果。

雙人挑戰組的腦部枕葉與尾狀核，活化程度比單獨挑戰組更明顯。

這個領域是名為獎勵中樞的部分，會接收從中腦而來的運動促進物質——多巴胺投射，可以說是引發人類行動的「幹勁開關」。

我們的腦部會因為預測到要與某人一起互助合作而變得亢奮，進而產生幹勁。

若想要讓腦部對未來產生這樣的作用，必須擁有超越「快樂回憶」的事物。**因此懂得巧妙舉辦讀書會，將有助於獲得更棒的成果**。

為此，必須先瞭解打造大家一起學習的場合時所必備的**5大條件**。

二〇一六年，布魯塞爾自由大學的艾瑪琳・比爾等人發表了一項很有意義的研究。研究團隊在731名心理學、教育科學系大學1年級生的協助下，花了2年的時間驗證學生主導的共同學習效果。

結果發現了5個要素，最能夠提升學生的幹勁及對社群的歸屬意識。

①要有能確實推動流程的人（主持人）

②要制定一定的步驟、程序與教材

③主題要能反映參加者個人當前關注的事物

④必須是無壓力且令人安心的學習環境

⑤參加者之間能充分交流與討論

那麼，想要備齊這些要素該怎麼做呢？

接下來就將為各位獻上準備好的指引手冊。

⑥ 安全第一！讀書會新手的5大條件

讀書會形式五花八門，本節開始要介紹的是對主辦新手來說最簡單的形式。

①不要舉辦具有商業目的的付費型，應舉辦免費讀書會

②不要透過入口網站等攬客，應先詢問朋友或同事

③不要讓大家各自選書帶來，要指定好一本書作為主題

④不要到現場才讀，應請大家事前閱讀

⑤不要採自由討論，而是按照一定流程輪流發表

此外，讀書會可以是在租借會議室或咖啡廳等實體舉辦，也可以用Zoom等會議程式線上舉辦，而接下來要介紹的是這些方法共通的本質部分。

⑦ 決定舉辦～舉辦當天：事前問卷應確認的4件事情

請在讀書會來臨前，準備事前問卷給預計出席者。這不僅有助於參加者做好發表準備，還可以減少當天才臨時取消的機率。此外，事前問卷最好包括下列問題：

【問題1】遇到這本書的時候，您是否有什麼問題或煩惱呢？

【問題2】書中最打動您的是哪句話？（可以指定頁數或章數）

【問題3】閱讀這本書後，您是否有遇到類似事情，或是感覺能用於未來呢？

若您實際運用過，有感受到什麼變化嗎？

【問題4】您會將這本書推薦給什麼人呢？

像這樣以事後要向他人發表為前提開始閱讀，效果會非常好。

二〇一四年，約翰・內斯托濟科等人發表了一項研究。他們請56名學生閱讀關於克里米亞戰爭的文章10分鐘，可以反覆閱讀，但是禁止畫線作筆記。

閱讀前，研究團隊將受試者分成下列2組，分別告知他們不同的事：

【A組】這之後會有場教材內容相關的考試

【B組】一樣會考試，但是考前要指導其他受試者

考試結果相當有趣。**相較於單純被告知要考試的A組，事前得知必須充當老師指導其他受試者的B組，其正確性、效率與學習量都更高**。對此研究團隊表示：

「預計要指導其他人的受試者，會具備教師的心態，在學習時也會站在教師的角度，用更有效的策略去學習。」

畢竟10分鐘後就要在考試前指導其他同伴，閱讀時自然會更加專注。

此外，這個態度也讓人容易專注於考試可能會出的重點，以及重點之間的關聯性等。**在記憶方面的研究中，將其稱為「項目特異性處理戰略」與「關係性處理戰略」。這2種戰略都會加強腦部記憶痕跡，變得更容易讀取記憶並還原**。

順帶一提，事前問卷建議運用Google的免費服務「Google表單」來製作。

⑧ 舉辦當天：進入主題前應做的4件事情

終於到了讀書會當天，在正式開始發表前，希望主辦者執行下列4件事情：

① 讀書會開始的致詞：舉辦這場讀書會的理由

向成員說明為什麼會選擇本書作為主題？想透過讀書會交流，而非獨自閱讀的原因是什麼？例如：想提升簡報能力等等。

② 請大家自我介紹

請大家輪流花1分鐘談及下列3點：姓名、來自何處、最近發生過的好事。

尤其最後一項能讓氣氛變輕鬆、縮短彼此的距離，因此我的公司每週一開朝會時都會執行一次。這時最重要的是聆聽他人自我介紹的態度，請遵守點頭、笑容與回應這3點，用全身去聆聽他人說話。這會與後續讀書會的進展有所關聯。

此外，舉辦實體讀書會的時候，也請為成員準備名牌，或是用白板寫下座位與姓名；線上舉辦的時候，則應協助成員標示出自己的姓名。

③ 由2～4人為1組交流閱讀心得

接著請大家發表閱讀心得。分組可讓成員先彩排，有助於彙整想法和緩解緊張。

④ 說明規則

事實上這才是最重要的。希望讀書會順利進行且所有參加者的學習效果都最大化的話，就必須事前告知全員（包含主辦者）都需遵守的規則，並尋求所有人的同意。

這裡主要應傳達的重點有2點：

①遵守發表時間

②禁止使用負面或批判性的回應方式

讀書會中肯定會有超過發表時間仍滔滔不絕的人，或是因為不同意其他人的發表內容而採用指責式的回應。這種事情一旦發生，就會妨礙參加者的學習。但嚴格警告會導致氣氛惡劣，對方甚至會認為：「我明明是正確的，為什麼要妨礙我！」

因此事前和所有人約定好，事發時可能只要一句「請想想規則」就能夠緩和。

不只讀書會，只要是學習或創造場合，就必須給予平等與肯定這種心理安全感。

舉例來說，二〇一二年起Google內部舉辦的專案「Project Aristotle」，**發現成果最好的團隊之間有個共通規則，那就是所有成員都具有平等的發言權**。

此外，二〇一三年，心理學家理查・博亞齊斯發表了一項研究。

他對學生實施下列2種指導方式：

Ⓐ請學生描繪理想的正面方式

Ⓑ客觀指出缺點的負面方式

面談過程中，會透過fMRI掃描腦部活動，結果綜觀20名受試者的數據後，發現了有趣的事實：A組和B組的腦部活動出現了明顯的差異。

受到正面指導的A組受試者，右腦外側枕葉與後側顳葉格外活化，而這兩者是想像出事件畫面時會用到的領域。想像出栩栩如生的理想未來，將其化為幹勁的作用，就稱為願景。**接受正面指導的學生，自然而然地執行起名為願景的作用，並因副交感神經活絡，使心靈放鬆，進而產生願意進一步去做的動機。**

另一方面，受到負面指導的B組並未產生這種現象，且交感神經優先運作，造成想離開現場的迴避動機。

「這是機會教育。」「我是為了你著想。」「或許不中聽，但是……」我有時也想像這樣直言指出他人的錯誤，但是這麼做可能像研究一樣刺激對方的防衛意識，反而關閉其對可能性的想像。

讀書會是要讓所有人透過書本，邁向前往未來的第一步。所以請以100％的正面態度，接納彼此的分享。

⑨ 舉辦當天〈讀書會正式開始〉：由4大步驟組成的發表架構

終於要進入讀書會的發表時間了，基本上會按照下列流程進行：

①按照既定的發表架構，每人最多發表5分鐘的讀書心得

②每場發表允許2名其他參加者發表最多2分鐘的正面回饋，並告訴發表者這份

觀點與學習相當值得參考

發表架構會按照事前問卷的問題設計如下：

【步驟1】我遇見這本書時正面臨〇〇煩惱或課題

【步驟2】這本書最打動我的地方是〇〇頁的〇〇部分

說完後，請發表者實際朗讀書中的文章。

【步驟3】我從中獲得了〇〇啟發，決定做出〇〇行動

若實踐帶來了變化，也請發表者分享一下。能分享過去經驗或事件就更好了。

【步驟4】我會建議對〇〇感到困擾的人，或是抱持〇〇目標的人閱讀這本書

儘管句式簡單，卻清楚描繪了煩惱、學習、振作、前進、分享這一連串完整的起承轉合，能夠引發聽眾的共鳴與支持。

二〇一六年，早稻田大學體育科學學術院的彼末一之教授等人，發表了劃時代的研究。研究團隊對32名受試者播放4種「努力者」的影片，影片中的人都沒有露臉。

Ⓐ身材很瘦的人舉起1kg的啞鈴　**Ⓒ壯碩的人舉起1kg的啞鈴**

Ⓑ身材很瘦的人舉起5kg的啞鈴　**Ⓓ壯碩的人舉起5kg的啞鈴**

接著，研究團隊透過fMRI測量了受試者看影片時的腦部活動。

結果發現**只有B身材很瘦的人舉起較重啞鈴時，受試者腦部右側的顳頂交界區（TPJ）與顳上溝（STS）格外活化**。顳頂交界區與內心對他人的思想、信念、道德立場與情緒等的理解（心智化）有關。

因為身材很瘦的人舉起較重的啞鈴，看起來比壯碩的人更加努力對吧？**人們看到這種跨越不利條件的場景，腦部會自動產生共鳴並為對方加油**。

讀書心得發表之後的正面回饋，能夠強化為對方加油的力道。如此一來，即使學生時代沒有經歷過學習的感動，也能藉此在短時間內體驗到。

此外考量到活動流程，必須控場的主辦者請注意下列事項：

①由主辦者第1個發表當作示範

要示範的不只內容，還包括聆聽其他參加者發表時必須點頭、微笑與回應。

②發表時間超過5分鐘的時候，就輕聲說句：「是時候向大家分享結論了。」

③參加者因不熟悉而卡住時，就按照發表架構，以訪談的方式引導對方說出來。

④遇到有人不認同發表內容而批判時，就溫柔說聲：「不好意思，您能分享一下覺得不錯的地方嗎？」透過適度的介入修正軌道。

⑩ 舉辦當天〈讀書會結束〉：避免開心以外什麼都沒有的3大作業

各自發表結束後，相信現場氣氛會和樂融融。但是其實接下來才是關鍵。要讓讀書會成為邁向更好人生的起點，所有人都必須執行下列3大作業：

【作業1】與鄰座夥伴分享獲得的啟發（約1～2分鐘）
【作業2】寫出從其他參加者發表中獲得的啟發、對下一步的靈感等（約3分鐘）
【作業3】撰寫部落格或社群媒體文章等，輸出從主辦者身上學到的事情，並藉此獲得今日參加者的回饋

舉例來說，**在Meta（舊名為Facebook）分享從今天讀書會學到的事情後，其他參加者會按讚或是留言，這就非常適合當作分享消息的第一步**。

讀書會後
重要的3大作業

WORK 1　與鄰座夥伴分享留意到的事情

WORK 2　將啟發與行動記錄下來

WORK 3　透過實際輸出獲取回饋

這裡最重要的，是向尊敬的同志、夥伴們發布「我要行動」的宣言。

二〇一九年，霍華德・克萊茵等人做了這樣的實驗。他們請201名學生在90秒內執行困難的作業，並安排商學院的研究生學長姊西裝筆挺地為一部分學生記錄成績。

此外，所有受試者在執行前，都要先以數值表示自己的幹勁。

結果相當有趣，**有光鮮亮麗的學長姊記錄成績的這一組，幹勁比沒人記錄的對照組高了約16%**。

以貌取人不太好，但是實際上人類就是在地位較高者的注視下，會立刻提高目標以表現幹勁的生物。而實際的作業完成率也確實較高。

因此研究團隊做出這樣的結論：

「我們必須與地位較高者分享目標。」

這裡指的地位較高不只指社會地位，還包括宏遠的志向。因此擁有不會背叛自己的夥伴，或是不願說謊的夥伴，是最好的目標達成法。

第7章
重點整理

☑ 速讀後舉辦讀書會，可以重新檢視自己的思考。

☑ 說話者與聽話者的腦部會產生同步現象。

☑ 主辦讀書會可以習得簡報能力、內容開發能力並拓展人脈。

☑ 讀書會主辦新手建議遵循「架構」而非自由討論。

☑ 實踐舉辦前的4大準備、發表的4大架構、發表後的3大回顧。

☑ 讀書會的原則是保持正向心態，應100％認可參加者的發表內容。

第8章

為了下一代，從書籍出發的無盡4C之旅

① 在7倍創造故事陪伴下成長的世代，將帶來7倍的發明

非常感謝各位讀到這裡，這本書的目的是希望幫助已經長大成人的各位，再次體會到閱讀的力量，並將其化為前進的能量。

只要大人能夠積極向前，看著如此背影的孩子們，理應也會對人生感到樂觀。在孩提時代遇見的書籍，無論好壞都會對將來產生莫大影響，而這裡要藉少2項調查結果。

第1項是正向的例子。一九六二年，德沙姆與莫勒發表了一項有趣的調查結果──充滿創造力且述說實現目標的兒童故事，於一八一〇～一八五〇年之間的美國急遽增加，相較於前40年間多了約66％，並且引發很有趣的現象。

接下來的一八五〇～一八九〇年之間，發明專利審定率增加了7倍。**沒想到在7倍創造故事陪伴下成長的世代，帶來了7倍的發明！**

第2項則是相當遺憾的例子，二〇〇九年由史蒂芬・安格瑟等人發表。德國面臨各邦貧富差距過大的問題，北部布萊梅邦的失業率，比南部的巴登符騰堡高了約61％。研究團隊從一個很有趣的角度探索其根本原因，那就是**學校教科書**。研究團隊著眼於教科書對「實現目標」所描繪的形象，調查其是否隱含高標準、歡迎健全競爭等，精密分析了共計195種教科書後，發現了這樣的結果——**繁榮的巴登符騰堡教科書中，描繪「實現目標」的比例，比不景氣的布萊梅邦多了29％**。

由此可知，孩子們從書中接收到的願景，將成為未來的雛形。這時最重要的就是「選書的眼光」，必須留心為孩子選擇適當書籍才行。但是，這正是現代社會面臨的一大問題。

② 為什麼沒有夢想的兒童與年輕人增加了？

隨著數位社會的加速發展，對兒童與年輕人來說多工處理已是家常便飯。人們會在閱讀講義時播放影片，隨時查看、回覆手機收到的訊息，實在很了不起。

但是這卻引發了問題——人們變得**不懂選擇與無法下判斷**。

二〇〇九年，史丹佛大學針對頻繁多工處理的年輕人認知速度進行研究，並得出了這樣的結論：**「透過數位媒體頻繁多工處理的年輕人，避開環境中不相關刺激的能力變差，從記憶中忽視不相關表達方式的能力也下降了。」**

習慣多工處理的現代年輕人，逐漸無法忽視任何出現在眼前的資訊，對身心造成難以想像的負擔。此外不斷接收他人拋來的資訊，讓人沒有時間正式自己真正的想法。人擁有無限的可能性，但要將其化為現實，有時必須全神貫注才行。

也就是說，必須迴避與夢想無關的事物，才是實現夢想的捷徑。**理應擁有無限可能性的年輕人卻失去了夢想，造成如此遺憾的原因，或許就是多工處理的壞處**。

③ 成年人應讓下一代看見自己「做決定的模樣」

正因如此，**大人必須為兒童或年輕人，表現出「選擇的模樣」、「做決定的模樣」、「篩選的模樣」**。

下決定，代表著某件事情「定下」了，有時會令人感到恐懼或迷惘，但是由自己做決定時，腦袋就會產生全新的力量。

二〇一三年，玉川大學的研究團隊做了一項實驗，將碼錶交給35名受試者，請他們在5秒整的時候按下暫停，並將受試者分成下列2組：

【A組】從2個碼錶中選1個用
【B組】使用團隊指定的碼錶

每個人面臨的課題難度相同，成功實現也不會有獎金，結果卻相當有趣。可以自己選碼錶的A組，分數比不能自己選的B組高了約7%。

為什麼會發生這種現象呢？團隊用fMRI檢測受試者腦部活化程度後，發現了有趣的現象。

④ 自行做決定可讓人生不再失敗

研究團隊最著重的是腹內側前額葉皮質（vmPFC）的活化程度。其位在前額葉皮質內側，囊括了情緒處理、意向決定、記憶、自我認知、社會性認知等「人性」方面的神經網絡，**為腦部的最高司令部**。

發生不如預期的失敗時，通常腹內側前額葉皮質的活動量會偏低。

但是研究團隊發現，接收到失敗刺激後，具有「自行決定」要素的A組對腹內側前額葉皮質的抑制程度，比受強制指令的B組還要低。也就是說，**可以自行決定時，**

即使事後失敗也不太會造成腦部最高司令塔機能降低。

失敗為成功之母的前提，原來是「必須由自己做決定」。

⑤ 做好決定就會湧現幹勁與行動力

此外，研究團隊從腦部影像中，還發現了另一個有趣的現象。腹側蒼白球與中腦的活化程度，也是能夠自行做決定的A組較高。尤其腹側蒼白球會預測報酬量以決定行動與運動，可以說是腦部的幹勁開關。

由此可知，**人們並非有幹勁才做決定，而是做了決定後才湧現幹勁！**

不僅如此，前運動輔助區的活化程度，同樣是A組較高。這裡是主掌活動準備的領域，會決定是否切換長時間的例行活動。換言之，自行決定可以讓腦部更快行動。

幹勁、行動力、從失敗中發覺事物的能力與熱情，都是做出決定後才湧現的！而且要激發並不困難，就算只是決定用哪一個碼錶這種小事，也能讓腦袋活化。

即使只有少許效果也無妨，從今天開始無論多小的事情，都請自行做決定吧！

當然，本書介紹的速讀法與閱讀技術，將幫助各位鍛鍊做決定的能力，進而成為更好的自己。

⑥ 做決定後會出現的人生４Ｃ

人生會在做好決定的瞬間，展現出新的篇章。雖然迎來的內容五花八門，卻擁有4個共通階段，我稱之為「４Ｃ」。

【階段１】Change（變化）

【階段２】Challenge（挑戰）

【階段３】Chance（邂逅機會）

【階段４】Choroi（愈來愈輕鬆）

這是人生從0到1的過程中，非常重要的步驟。

接下來，我就要介紹一位完美執行這些步驟的偉人，他的名字叫做安德魯・卡內基（一八三五～一九一九年），是近代美國的鋼鐵大王，也是樂於捐款的慈善家。

這樣的他在遇見鋼鐵之前，也曾有過從0到1的故事。

⑦【階段1】Change（變化）：13歲領的第1份薪水是1.2美金

卡內基出生於一八三五年的蘇格蘭，父親是技術極佳的紡織工人。然而，當時發生了工業革命，出現以蒸汽驅動的紡織機，導致他的父親失業了。他的母親瑪格麗特提議搬到美國投靠姊妹。

一八四八年，卡內基一家人在賓州阿姨家的空房間住了下來。當時卡內基13歲，照理還會再上學4年，但是**為了補貼家用，卡內基做起動力紡織機的捲線工，而這就**

是最初的Change（變化）。

捲線工是早出晚歸的重度勞動工作，每週薪水卻只有1.2美金。

然而，卡內基日後懷念地表示：

「儘管後來賺了幾百萬美金，但最開心的還是第一次拿到薪水的那一刻。」

在那之後，卡內基又做了每週2美金的鍋爐點火工作，但責任感極強的他經常做著因為自己的不慎導致工廠爆炸的惡夢。

這時，Challenge（挑戰）的機會造訪。

⑧【階段2】Challenge（挑戰）：透過記帳與摩斯密碼看見經營世界

由於卡內基很擅長閱讀，主管便請他協助製作財務報表。**這就是他第一次接觸到經營世界的瞬間**。

卡內基全力以赴面對這個挑戰，下班還到對岸的匹茲堡上夜校，自動自發學習複式記帳法。

姨丈留意到卡內基認真的態度，將他帶到某個地方——匹茲堡電報局。野心勃勃的卡內基立即在該處就職，這次的挑戰也為他的人生帶來龐大的收穫。他在傳遞電報的時候，會定期見到首屈一指的企業家，終於**親眼目睹企業經營的世界**。

當然學習也是不可或缺的。他在不需要傳遞電報的上午，透過自學習得了摩斯密碼。這讓他傳遞速度更快，不到幾個禮拜就被提拔為正式電報技師。他依序翻譯訊息的能力是其他人望塵莫及的，這使他的週薪翻倍成4美金。

然而，**對卡內基來說最棒的報酬其實是資訊**。

當時所有極富價值的資訊，都會透過電報傳輸，位居資訊中心的卡內基，便成了最熟悉匹茲堡產業的人物。

這時，Chance（機會）來到完美挑戰成功的卡內基眼前。

⑨【階段3】Chance（邂逅機會）：遇見人生導師而覺醒成經營者

終於要來到卡內基飛黃騰達的階段了！

這次的機會來自於賓州鐵路公司，也就是當時全美最頂尖的鐵路公司，而指名卡內基的人是名為湯瑪斯・史考特的男性。

擔任西部區長的史考特聽到了卡內基的名聲，便聘請他輔佐自己的工作。

這時的卡內基年僅17歲。**13歲開始工作的他，僅僅4年就加入了全美最頂尖的鐵路公司**。月薪35美金，高達一開始的7倍。

接下來，就是卡內基正式通往經營者之路的修行。

鐵路行業是極具代表性的大規模事業，追求的是經驗與不仰賴直覺的合理經營手法。卡內基在史考特的帶領下徹底熟悉這部分。

其中學得最精的是經費的掌控。這是他從只顧及自己薪水的「員工」心態，轉變成「經營者」的重要一步。此外，這時學到的成本控管技術，在他日後的鋼鐵事業中也發揮了很大的用處。

在卡內基開始能夠仿效史考特思路的時候，發生了一起事件。

⑩【階段4】Choroi（愈來愈輕鬆）：藉由一場豪賭提高人生層級

某天早上，卡內基要去上班時，發生了導致火車全線停駛的嚴重事故，人們都渴求著早日復駛。

卡內基想起以前發生類似狀況時，史考特所做出的應對：

「如果是我的話，就會尋求其他作業員的協助，想辦法修復整個狀況。」

乍看是龐大危機，卡內基卻得以**Choroi（輕鬆）想出辦法，並且做出了賭上人生的重要決定——他竟然偽造史考特的簽名，向公司發布指令**。

失敗的話可是會淪為罪犯的，沒想到結果竟是大成功！他讓西部轄區的火車避開事故車輛，讓車班毫無受到牽連。

史考特當時非常震驚，但同時為愛徒卡內基感到自豪，後來賓州鐵路公司的大老闆甚至親自來見他。

這場巨大的勝利讓卡內基的名聲水漲船高。

一八五九年，史考特升任副執行長，卡內基也跟著升遷，成為賓州鐵路公司的西部區長。這時的他才進公司第6年，可說是前所未有的提拔。不僅如此，卡內基的人生導師還將收益極高的亞當物流公司股票介紹給他，甚至連購買資金都幫他準備好。

這讓卡內基正式踏上資本家與經營者之路。

無論是什麼樣的成功人士，最初都會經歷這４Ｃ。

成功的起點是書，跨越4C的力量同樣源自於書。

卡內基在飛黃騰達之前，學習佔了很重要的地位，可以說是閱讀能力改變了他的

從書本展開的4C之旅

為了跨越這些 C

就請書本幫忙吧!!!!

命運。為了報答書本的恩情，卡內基的財團在那之後捐款，建立了2500座以上的圖書館，受其恩惠的人不計其數。

⑪ 70歲的腦袋比20歲更發達！持續學習的人沒有終點

這本書即將迎來尾聲，各位是否已經做了什麼決定，並實際踏出一步了呢？請展開屬於自己的4C之旅吧！各位勇敢邁進的模樣肯定會成為下一代的希望，持續前進、持續學習的人生是沒有終點的。

最後要介紹一項顛覆常識的實驗。

二〇〇二年，杜克大學的羅伯特・卡貝札等人發表了衝擊性的研究結果。他們透過事前考試的成績，將受試者分成下列3組：

【A組】20～35歲之間的青年

【B組】成績較高的64～78歲老年人

【C組】成績差不多的63～74歲老年人

在這之後又實施了記憶力測試，調查受試者的回想能力。研究人員關注的是前額葉皮質（PFC），這裡是調節行動、計畫、人格與社會認知的重要部分。

有趣的事情就是從這裡開始。

事前考試成績較高的老年人，左右腦都很均衡，前額葉皮質也確實活化了。

人腦在回想時有2個過程，其一是「生成」，從腦中檢索備用資訊；其一是「認知」，選擇檢所出的資訊。前額葉皮質的左前側與生成有關，右前側則與認知有關。

而青年與成績一般的老年人僅右前側活化，所以是以現在還記得的資訊決勝負；高成績老年人則左右側都活化，可以從根源開始檢索資訊，擁有有效的記憶能力。

研究團隊對此表示：**「能力很好的老年人會透過重新構築腦部機能，克服老化造**

成的神經衰退。」也就是說，即使年歲增長，仍可以透過重新構築腦部機能，以更好的效率完成課題，實在令人訝異！

人類隨時都能成長，無論身在何方，任誰都能學習，但是我們有時候會忘記自己的可能性。而手邊一本書的一行字，就可能提醒各位發掘自己的潛力。

就如同本当（真正的）、本心（真心）、本気（認真的）、本質（本質）、本格（正統的）、本腰（全力以赴的態度）、本物（正牌的）中的「本」，書本無論何時都能夠將各位帶回真正的軌道。所以請務必找到改變自己命運的那本書、那段話吧！

⑫ 額外贈禮：遇見命運之書後的5大活用準則

最後的總結，我要給各位一項額外贈禮，有助於找到命運之書並將啟發運用在人生中。

【準則1】抱持夢想，隨時質疑

我們會在什麼時候遇見命運之書呢？答案就是**最煩惱的時候**。

以我來說，30年前苦於6千萬圓債務時，就注意到了許多好書，並從中發覺投資報酬率極佳的速讀法。我們的腦部有個主掌覺醒的區域，名叫網狀活化系統（RAS）。當這個區域受到刺激時，人們就會專注在刺激上。

「想做些什麼」、「想擺脫現況」的想法愈強烈，就愈容易從周遭環境中尋找靈感，我就是在遇到大危機時開始探索的。也就是說，**當遇到人生的轉機或是懷抱遠大夢想時，網狀活化系統就會受到強烈刺激**。

換言之，**懷抱非常想實現的夢想，有助於我們找到改變命運的那本書，因此第一步可以先決定自己打算貫徹一輩子的目標**。

危機與期待不僅可以刺激網狀活化系統，還是讓我們發揮潛能的2大條件，這都可以幫助我們發現命運之書。

【準則2】留意共時性

共時性意即有意義的巧合。雖然解決當前問題很重要，但是當能解決問題的方法超越自己的框架時，找到這種超乎常識的方法更加重要。我在尋覓書籍時，就產生了這樣的想法：**不要太早也不要太晚，來得剛剛好的那本書就是命運之書**。

有時命運之書意外地不是自己平常有興趣的類型。就如同我國中時透過桌球得知想像訓練、夢想實現的世界，後來甚至開始提倡寶地圖。我在閱讀時，還會產生這樣的想法：**「神明賜給我當下需要的書！」「作者是為我寫下這本書的！」「作者就在眼前專為我授課！」**

結果不僅得以解決問題，腦中還浮現凌駕於當前問題的新想法，並將之當成與神的約定、對導師的誓言，下定決心一定要實現。

【準則3】用速讀與多讀鍛鍊選書眼光

「去選一本能夠當成人生指南的書吧！」選項當然是愈多愈好。

想要遇見命運之書，自然要多讀一點書才有機會實現。

假設有朋友推薦自己必讀好書，那麼相較於只讀過10本書的朋友，當然是讀過幾千幾萬本書的朋友比較可靠。

有的人或許會和我一樣，讀到的第1本商務書就是命運之書。但這是因為我的父親熱愛閱讀，得以在絕妙的時間點從數以千計的藏書中挑出適合我的書。

當然，選擇評價好的書從頭讀到尾，遇見命運之書的機率也很高。但是無論是多麼優秀的名著，都未必適合自己，因此速讀與多讀就顯得格外重要。大量閱讀有助於磨練眼光，尤其是讀過多本同類型的書後，掌握重點的速度就會愈來愈快。

每年只讀幾本書的話，甚至有可能一輩子都遇不到命運之書，所以建議以「1本書、3重點、1實踐」的原則去速讀與多讀。

【準則4】究極閱讀法1：遇見命運之書後，至少花1個月反覆閱讀

「只要看你平日往來的朋友，就可以推算你的年收入、成功與否。」

這是成功人士常說的話，很令人震驚對吧？

但是各位是否也有同感呢？

事實上不僅止於收入，成長與學習程度等無形事物也與之相關。

話雖如此，我們實在難以接近富翁或成功人士。但是，**除了真實存在的人物之外，其實日常接觸的書籍、影片或語音教材等，同樣會對我們造成莫大影響**。

也就是說，遇見命運之書就如同拜師學藝。若能遇見嚮往的成功人士、成為對方的徒弟時，該做些什麼呢？當然是要仔細觀察對方的舉手投足。

書本亦同。**所以遇見命運之書後，就要隨身攜帶，且至少花1個月反覆閱讀**。

此外也請盡力收集作者相關資訊吧！包括其他作品、雜誌、影片、語音教材、網路訪談等，我個人還會把作者照片、書封貼在房間裡，每天自然而然都會看見。

如果作者還有YouTube等影片，可以試著看看，然後仿效對方說出相同的話語，自然而然就能習得作者的思維、情緒與行動。

【準則5】究極閱讀法2：徹底仿效命運之書，將書中內容和作者魅力打造成自己的第2天性

想要習得作者的優點，訣竅就是徹底仿效對方。為此必須熟讀作者資訊，沉浸在對方的能量當中。平常的行事風格，也要經常仿效書中感受到的作者或書中角色。

閱讀時也可以邊描繪自己的工作或夢想，試著提出下列問題後思考與行動。

- ■**該怎麼做才能快速踏出下一步？**
- ■**仿效對象的成功祕訣是什麼？**
- ■仿效對象與自己同年齡時，做了什麼樣的準備，成為將來的種子？
- ■如果仿效對象正看著現在的我，會建議我從哪裡開始改變呢？
- ■仿效對象做過的事情當中，哪些是我也能做到的？
- ■仿效對象工作時，秉持著什麼樣的心態？
- ■仿效對象是如何跨越那些乍看辦不到、撐不下去的難關呢？

■該如何在人生當中，應用仿效對象發生過的軼事？

■這本書最重要的20％內容是什麼？

像這樣具體細分自己的行動，人生變化就會比單純閱讀多上數10倍。**作者的思維、行動、情緒、習慣、人格與能量，就會如瀑布般醍醐灌頂。**

如此一來，各位在某個時機肯定會注意到，這一切已經安裝在自己的體內，變得能夠採取和作者一樣的思維、行動，養成一樣的感受與習慣，連人格都出現大幅改變，所謂的第2天性也就此完成。

第8章
重點整理

☑ 活在數位社會的年輕世代，最大問題在於無法選擇。

☑ 大人應為孩子示範「決定後大膽選擇」的態度。

☑ 做出決定之後，腦袋自然會產生幹勁、行動力以及從失敗中反省的能力。

☑ 人生從0至1的飛躍瞬間暗藏4C。

☑ 70歲的人比20歲的人更懂得用腦。

☑ 花1個月精讀命運之書，安裝作者的思想、情緒與行為。

後記

書可以改變你的命運，你也可以改變書的命運

「書可以改變你的命運。」

這是本書的主旨。

但是反過來說，你也可以改變書的命運。

這是真人真事。一九七七年，有人自費出版了一本粗糙的油印書。

書名是《Baseball Abstract》（棒球摘要），內容相當奇特，花了60頁分析棒球比賽的數據。

作者比爾・詹姆斯既非棒球教練也非選手，他研究所讀到一半休學，只是在食品工廠擔任夜間保全的棒球數據迷。

詹姆斯確實是個奇怪的人，但是專注在熱衷事物的人，卻會有種特別的能量與幽

默感。

他表示：「希望棒球可以更有趣，大家可以知道不同的棒球比賽看法。」並自認為是棒球數字修繕工，發現了比賽的獲勝關鍵並非個別選手的能力，**也不是經常討論的打擊率或全壘打數，而是與得分有關的「上壘率」！**

一九八二年，紐約的知名出版社買到了《Baseball Abstract》的版權，出版後在全美造成轟動。詹姆斯稱這種棒球研究法被稱為「賽伯計量學」，成為這方面的先驅。

但是詹姆斯並未因此感到滿足，**因為他的初衷是希望棒球相關人士閱讀，卻沒獲得這方面的支持，棒球比賽一如既往**。

被視為社交俱樂部的棒球業界依然維持原貌，棒球比賽數據頂多在選手年薪交涉時派上用場。再加上擁有最多棒球數據的專業公司從中作梗，最終詹姆斯的書迷都開始專注於高度分析，而非他這種充滿熱情的數據解讀。

一九八七年，詹姆斯宣布不再每年更新《Baseball Abstract》。

最後的後記標題是**〈魔杖折斷時〉**（暫譯），裡面寫著這樣一段話：「光是知道我是對的，其他人都是錯的，就覺得心情很好。到死前我是否能再次體驗這種暢快的心情，只有神才會知道。」

10年後的一九九七年，實際在棒球現場實踐詹姆斯理論的男性終於誕生了，這個人就是比利・比恩。

球場失意的比利・比恩提早退役後，遇見了《Baseball Abstract》並備受衝擊。當時的他是奧克蘭運動家球隊的總經理，前任總經理也很喜歡這本書，甚至依此製作了手冊。

比利便按照這本手冊，依賽伯計量學制定策略與起用選手。

結果，雖然因為預算不足而無法雇用知名選手，但這支曾苦於成績不振的隊伍，**仍在二〇〇一年與二〇〇二年寫下連續100勝的紀錄，這段奮鬥史後來編撰成《魔球》這本暢銷書，甚至拍成電影，並由鼎鼎大名的布萊德・彼特主演**。

此後的棒球界就完全變了個樣子。每支球隊都按照詹姆斯的提議分析數據，並且活用賽伯計量學。**於是魔杖恢復原狀，詹姆斯在有生之年見到了自己的提議獲得正當評價**。

書本不僅是文章集結體，裡面肯定藏有作者於至今人生中發現的魔法；但是書本也很脆弱，若是沒有人去閱讀的話，就形同不存在。

絕版、銷毀，讓曾經存在的事物化為雲煙，世界上有許多像這樣被折斷的魔杖。

拿起一本書，得知作者藏在其中的魔法，並將其活用在自己的人生中，同樣是從不幸中拯救了這本書。而這本被拯救的書，則會繼續拯救其他困擾的人們。

希望本書能夠成為如此循環的契機。

請務必找到改變自己命運的那本書、那段話，並實踐從中獲得的啟發。**對書本的最大回饋，就是藉由這本書變得幸福**。期待未來能夠直接聽見各位分享從書本展開的人生旅程。

感謝各位讀到最後，這裡滿懷謝意為各位**準備了小禮物**，希望藉此幫助各位更深入閱讀，進而實現夢想。

①發布從名著或實踐中獲得的商場等成功靈感，以及用耳朵接收到的資訊

②魔法閱讀法的實踐單

③楽しく与え、豊かに受け取る小冊子（PDF版）

④筆者的「4C速讀演講會」免費招待（其他還有3種演講）

⑤預計於二〇二二年三月完成的「速讀APP」與「解說影片」

有意願的讀者歡迎透過下列QR Code加入「ヴォルテックスLINEチャンネル」，只要輸入**速讀**這個訊息就能夠進入專屬網頁。有興趣的人不妨儘快加入，若是QR Code失效的話，就請用手機的LINE檢索「@vortex_takaramap」這個ID（請別忘記輸入@）。

最後，本書得以出版，都是受惠於多位老師們給予的啟發。尤其是閱讀法與速讀法，若是沒有從前輩們身上學習，我就無法寫出這些內容了。此外，也多虧了參加研討會或講座等，一起探求進步的各位支持。

感謝負責本書編務的east press山中進編輯等各位專家。也由衷感謝協助本書文獻調查與原稿執筆的vortex企畫開發部岡孝史先生、山野佐知子小姐等。

最後，對於和我一起關注熱情在探索更多人類可能性的vortex成員們，也打從心底致上深深的謝意。

二〇二一年十二月　望月俊孝

参考文献

【第1章】

・Thomas Gilovich and Victoria Husted Medvec(1995) The Experience of Regret: What, When, and Why. Psychological Review 102(2):379-95

・Richard T. Kinnier and Arlene T. Metha(1989) Regrets and Priorities at Three Stages of Life. Counseling and Values 33(3):182-193

・『脳はこうして学ぶ：学習の神経科学と教育の未来』スタニスラス・ドゥアンヌ（著）、松浦俊輔（翻譯） 森北出版

・Aimee E. Stahl and Lisa Feigenson(2015) Observing the unexpected enhances infants' learning and exploration. Science 348(6230):91

・『Power of Secret 秘密を上手に使いこなす方法』トルステン・ハーフェナー（著）、柴田さとみ（翻譯） サンマーク出版

・『愛と怒りの行動経済学：賢い人は感情で決める』エヤル・ヴィンター（著）、青木創（翻譯） 早川書房

・The 10 Worst Lottery Winner Horror Stories In History

・https://www.therichest.com/poorest-list/the-10-worst-lottery-winner-horror-stories-in-history/?view=all

・Marissa A. Sharif, Cassie Mogilner and Hal E. Hershfield(2021) Having Too Little or Too Much Time Is Linked to Lower Subjective Well-Being. J Pers Soc Psychol. 2021 Sep 9.

・Free Time: Why Having Too Much or Too Little Isn't Good https://www.psychologytoday.com/us/blog/the-athletes-way/202109/free-time-why-having-too-much-or-too-little-isn-t-good

・A N Meltzoff and M K Moore(1983) Newborn infants imitate adult facial gestures.Child Dev.1983 Jun;54(3):702-9.

・Gergely György, Harold Bekkering and Ildikó Király(2002) Rational imitation in preverbal infants. March 2002, Nature 415(6873):755

・Mark Nielsen(2006) Copying Actions and Copying Outcomes: Social Learning Through the Second Year. Developmental Psychology 42(3):555-65

・Ashley Maynard(2002) Cultural Teaching: The Development of Teaching Skills in Maya Sibling Interactions. Child Development 73(3):969-82

・Kristin Shutts, Elizabeth L. Brey, Leah A. Dornbusch, Nina Slywotzky and Kristina R. Olson(2016) Children Use Wealth Cues to Evaluate Others. Plus one Published: March 2, 2016

・Michael Johns,Toni Schmader and Andy Martens(2005) Knowing Is Half the Battle. Psychological Science 16(3):175-9

・G. Walton, Geoffrey L. Cohen, David Cwir and S. Spencer(2012) Mere belonging: the power of social connections. Journal of Personality and Social Psychology 102(3):513-32

・『天才の閃きを科学的に起こす 超、思考法―コロンビア大学ビジネススクール最重要講義』ウィリアム・ダガン（著）、児島修（翻譯） ダイヤモンド社

・『世界を動かした21の演説—あなたにとって「正しいこと」とは何か』クリス・アボット（著）、清川幸美（翻訳） 英治出版

・L. Vezzali, Sofia Stathi, Dino Giovannini and Dora Capozza(2014) The greatest magic of Harry Potter: Reducing prejudice. Journal of Applied Social Psychology 45(2)

・Geoff Kaufman and Lisa K Libby(2012) Changing Beliefs and Behavior Through Experience-Taking. Journal of Personality and Social Psychology 103(1):1-19

【第2章】

・https://medium.com/the-ascent/these-3-practices-by-bill-gates-will-change-how-you-read-15f3c574bef2

・https://bookjelly.com/bill-gates-reading-habits/

・https://www.businessinsider.com/steve-jobs-reading-list-favorite-books-2014-10

・『アラン・ケイ』アラン・C・ケイ（著）、Ａｌａｎ Curtis Kay（原著）、鶴岡雄二（翻訳） アスキー

・David L Strayer, Frank Drews and William A Johnston(2003) Cell Phone-Induced Failures of Visual Attention During Simulated Driving. Journal of Experimental Psychology Applied 9(1):23-32

・『脳はこうして学ぶ：学習の神経科学と教育の未来』スタニスラス・ドゥアンヌ（著）、松浦俊輔（翻訳） 森北出版

・Yuliya Yoncheva, V. Blau, U. Maurer and Bruce D. McCandliss(2010) Attentional Focus During Learning Impacts N170 ERP Responses to an Artificial Script. Psychology, Medicine Developmental Neuropsychology

・「プロフェッショナルは『ストーリー』で伝える」アネット・シモンズ（著）、池村千秋（翻訳） 海と月社

・『プルーストとイカ—読書は脳をどのように変えるのか?』メアリアン・ウルフ（著）、小松淳子（翻訳） インターシフト

・Robert A Mason,Marcel Just(2004) How the Brain Processes Causal Inferences in Text.Psychological Science 15(1):1-7

・Nicole K. Speer, Jeremy R. Reynolds, Khena M. Swallow, and Jeffrey M. Zacks(2009) Reading Stories Activates Neural Representations of Visual and Motor Experiences. Psychol Sci. 2009 Aug; 20(8): 989–999

・『デジタルで読む脳 紙の本で読む脳』メアリアン・ウルフ（著）、大田直子（翻訳） インターシフト

・https://hearingthevoice.org/2017/02/15/unchartered-features-and-dynamics-of-reading-voices-characters-and-crossings-of-experiences-february-2017/

・Xing Tian, Nai Ding, Xiangbin Teng, Fan Bai and David Poeppel(2018) Imagined speech influences perceived loudness of sound. Nature Human Behaviour volume 2

・『誰も知らない男 なぜイエスは世界一有名になったか』ブルース・バートン（著）、小林保彦（翻訳） 日本経済新聞出版

・J. Bargh, M. Chen, L. Burrows(1996) Automaticity of social

behavior: direct effects of trait construct and stereotype-activation on action. Journal of personality and social psychology 230-244

・Thomas Mussweiler(2006) Doing Is for Thinking! Stereotype Activation by Stereotypic Movements. Psychological Science 17(1):17-21

・https://quoteinvestigator.com/2013/01/10/watch-your-thoughts/

・「『即身成仏義』の思想と構造（村上）」高野山大学

・『明日の幸せを科学する』ダニエル・ギルバート（著）、熊谷淳子（翻訳） 早川書房

・『マスタリー 仕事と人生を成功に導く不思議な力』ロバート・グリーン（著）、上野元美（翻訳）

・Paul H. Thibodeau, Lera Boroditsky(2011) Metaphors We Think With: The Role of Metaphor in Reasoning. PLOS ONE Published: February 23, 2011

・「思考過程における認知プロセスとしてのメタファーアリストテレスのメタファー理論の認知言語学的考察」香春（名古屋大学）

・Samuel M.McClure, JianLi, DamonTomlin, KimS. Cypert, LatanéM. Montague and P. ReadMontague(2004) Neural Correlates of Behavioral Preference for Culturally Familiar Drinks. Neuron Volume 44, Issue 2, 14 October 2004

・Timothy D. Wilson, David Reinhard, Erin Westgate and Daniel T Gilbert (2014) Just think: The challenges of the disengaged mind. Science 345(6192):75-7

・https://time.com/3858309/attention-spans-goldfish/

【第3章】

・Aldo Faisal, Dietrich Stout, Jan Apel and Bruce Bradley(2010)

・The Manipulative Complexity of Lower Paleolithic Stone Toolmaking. PLOS ONE Published: November 3, 2010

・『マスタリー 仕事と人生を成功に導く不思議な力』ロバート・グリーン（著）、上野元美（翻訳）

・『ULTRA LEARNING 超・自習法 どんなスキルでも最速で習得できる9つのメソッド』スコット・H・ヤング（著）、小林啓倫（翻訳） ダイヤモンド社

・https://www.shokabo.co.jp/column-math/column-math0009.html

・『ローマ皇帝のメンタルトレーニング』ドナルド・ロバートソン（著）、山田雅久（翻訳） CCCメディアハウス
https://historia334.web.fc2.com/history/appendix/books.html

・『宇宙飛行の父 ツィオルコフスキー：人類が宇宙へ行くまで』的川泰宣（著） 勉誠出版

・『だから、あなたも負けないで』Cynthia Kersey（著）、リチャード・H・モリタ（翻訳） イーハトーヴフロンティア

【第4章】

・S M Kosslyn 1, N M Alpert, W L Thompson, V Maljkovic, S B Weise, C F Chabris, S E Hamilton, S L Rauch, F S Buonanno(1993)

Visual Mental Imagery Activates Topographically Organized Visual Cortex: PET Investigations. J Cogn Neurosci. Summer 1993;5(3):263-87.
・Kyungmi Kim and Marcia K Johnson(2010) Extended self: Medial prefrontal activity during transient association of self and objects. Social Cognitive and Affective Neuroscience 7(2):199-207
・「前頭葉と記憶―精神科の立場から―」三村將 高次脳機能研究 第27巻第4号
・『スイッチ!』チップ・ハース、ダン・ハース(著)、千葉敏生(翻譯) 早川書房
・Peter M. Madsen and Vinit Desai(2017) Failing to Learn? The Effects of Failure and Success on Organizational Learning in the Global Orbital Launch Vehicle Industry. Academy of Management Journal Vol. 53, No. 3
・『RANGE』レンジ(知識の「幅」が最強の武器になる』デイビッド・エプスタイン(著)、中室牧子(其他)、東方雅美(翻譯) 日経BP
・Tomasz Zaleskiewicz, Agata Gasiorowska and Pelin Kesebir(2013) Saving Can Save from Death Anxiety: Mortality Salience and Financial Decision-Making. PLOS ONE Published: November 14, 2013
・Grant Donnelly, Tianyi Zheng, Emily Haisley and Michael I. Norton(2018) The Amount and Source of Millionaires' Wealth (Moderately) Predict Their Happiness. Personality and Social Psychology Bulletin 1-16
・Hi Po Bobo Lau, Mathew P. White and Simone Schnall(2012) Quantifying the Value of Emotions Using a Willingness to Pay Approach. Journal of Happiness Studies volume 14(2013)
・Tetsuo Koyama, John G McHaffie, Paul J Laurienti and Robert Coghill(2005) The Subjective Experience of Pain: Where Expectations Become Reality. Proceedings of the National Academy of Sciences 102(36):12950-12955
・『イノベーションのアイディアを生み出す七つの法則』スティーブン・ジョンソン(著)、松浦俊輔(翻譯) 日経BP
・Todd B Kashdan and Paul J Silvia(2009) Curiosity and Interest: The Benefits of Thriving on Novelty and Challenge.In book: Handbook of Positive Psychology. Publisher: Oxford University Press
・『仏教にみる経済倫理のあり方』辻井清吾 佛教経済研究(43)・155-179・2014-05 駒澤大学仏教経済研究所
・Mathias Pessiglione, Liane Schmidt Bogdan Draganski and Raffael Kalisch(2007) How the Brain Translates Money into Force: A Neuroimaging Study of Subliminal Motivation. Science 316(5826):904-6
・https://www.nips.ac.jp/sp/release/2012/11/post_224.html
・Dilip Soman and Amar Cheema(2019) Earmarking and Partitioning: Increasing Saving by Low-Income Households. Journal of Marketing Research 48(SPL)
・『エッセンシャル思考最小の時間で成果を最大にする』グレッ

グ・マキューン（著）、高橋瑠（譯） かんき出版

・Geoffrey H. Smart(1999) Management Assessment Methods in Venture Capital: An Empirical Analysis of Human Capital Valuation.he Journal of Private Equity Vol. 2, No. 3 (Spring 1999)

・PHILLIPPA LALLY*, CORNELIA H. M. VAN JAARSVELD, HENRY W. W. POTTS AND JANE WARDLE(2010) How are habits formed: Modelling habit formation in the real world European Journal of Social Psychology Eur. J. Soc. Psychol. 40, 998–1009(2010)

【第5章】

・平成30年度「国語に関する世論調査」の結果の概要 https://www.bunka.go.jp/tokei_hakusho_shuppan/tokeichosa/kokugo_yoronchosa/pdf/r1393038_02.pdf

・Elizabeth Bonawitz, Patrick Shafto, Hyowon Gweon, Isabel Y. Chang, Sydney Katz and Laura Schulz(2009) The Double-edged Sword of Pedagogy: Modeling the Effect of Pedagogical Contexts on Preschoolers' Exploratory Play. Proceedings of the Annual Meeting of the Cognitive Science Society, 31.

・Jarrod Moss, Kenneth Kotovsky and Jonathan Cagan(2007) The Influence of Open Goals on the Acquisition of Problem-Relevant Information. Journal of Experimental Psychology Learning Memory and Cognition 33(5):876-91

・『最高の脳で働く方法』デビッド・ロック（著）、矢島麻里子（譯） ディスカバー・トゥエンティワン

・Matthew Fisher, Mariel K. Goddu, and Frank C. Keil(2015) Searching for Explanations: How the Internet Inflates Estimates of Internal Knowledge. Journal of Experimental Psychology: General

・2015 American Psychological Association 2015, Vol.144, No.3, 674-687

・"Pearls Before Breakfast: Can one of the nation's great musicians cut through the fog of a D.C. rush hour? Let's find out. " By Gene Weingarten April 8, 2007 the washington post

・『予想どおりに不合理：行動経済学が明かす「あなたがそれを選ぶわけ」』Dan Ariely（原著）、熊谷淳子（翻譯） ハヤカワ・ノンフィクション文庫

・Greg J. Stephens, Lauren J. Silbert, and Uri Hasson(2010) Speaker–listener neural coupling underlies successful communication. PNAS August 10, 2010 107 (32) 14425-14430

・Vincent Reid, Kirsty Dunn, Robert J. Young and Johnson Amu(2018) The Human Fetus Preferentially Engages with Face-like Visual Stimuli. Current biology: CB 28(5):824

・『脳はこうして学ぶ：学習の神経科学と教育の未来』スタニスラス・ドゥアンヌ（著）、松浦俊輔（翻譯） 森北出版

・Jonathan W Schooler, Tonya Y Engstler-Schooler(1990) Verbal overshadowing of visual memories: Some things are better left unsaid. Cognitive Psychology Volume 22, Issue 1, January 1990

・「やっぱり、顔の記憶はことばにするとダメ！」—世界初のコンピュータシミュレーションによる言語隠蔽効果の再現—名

名古屋大学 平成27年6月11日 Press Release. https://www.nagoya-u.ac.jp/about-nu/public-relations/researchinfo/upload_images/20150611_env.pdf

【第6章】

・「日本の統計２０２１」総務省統計局 第26章「文化」5節「書籍新刊点数と平均価格」

Christopher. A. Kelly and Tali Sharot(2021) Individual differences in information-seeking. Nature Communications volume 12, Article number: 7062

・https://www.homemate-research-newspaper-office.com/useful/12637_facil_040/

・Keith Rayner, Elizabeth R. Schotter, Michael E. J. Masson, Mary C. Potter, and Rebecca Treiman(2016) So Much to Read, So Little Time: How Do We Read, and Can Speed Reading Help? Psychological Science in the Public Interest (Volume 17, Number 1)

・https://hrtrainingcenter.com/evelyn-wood-reading-dynamics/course

・Jordan, T. R., Almabruk, A. A. A., Gadalla, E. A., McGowan, V. A., White, S. J., Abedipour, L., Paterson, K. B.(2014). Reading direction and the central perceptual span: Evidence from Arabic and English. Psychonomic Bulletin & Review, 21, 505–511.

・Elizabeth R Schotter, Randy Tran and Keith Rayner(2014) Don't Believe What You Read (Only Once): Comprehension Is Supported by Regressions During Reading. Psychological Science 25(6)

・Just, M., Masson, M., Carpenter, P. (1980). The differences between speed reading and skimming. Bulletin of the Psychonomic Society, 16, 171.

・Anne Mangen, Gérard Olivier and Jean-Luc Velay(2019) Comparing Comprehension of a Long Text Read in Print Book and on Kindle: Where in the Text and When in the Story? Front. Psychol., 15 February 2019

・『ULTRA LEARNING 超・自習法 どんなスキルでも最速で習得できる9つのメソッド』スコット・H・ヤング（著）、小林啓倫（翻訳） ダイヤモンド社

・『運のいい人の法則』リチャード・ワイズマン博士（著）、矢羽野薫（翻訳） 角川文庫

・Ronald S. Friedman, Ayelet Fishbach, Jens Förster and Lioba Werth(2003)Attentional Priming Effects on Creativity. Creativity Research Journal 15(2):277-286

・「スムーズな動作につながる呼吸法と力の抜き方」麓正樹 バイオメカニズム学会誌 Vol・35・No・3（２０１１）

・Jennifer J Summerfield, Demis Hassabis, Eleanor A Maguire(2010) Differential engagement of brain regions within a 'core' network during scene construction. Neuropsychologia 48(5):1501-9

・Lindsey Engle Richland, Nate Kornell and Liche Sean Kao(2009) The Pretesting Effect: Do Unsuccessful Retrieval

Attempts Enhance Learning? Journal of Experimental Psychology Applied 15(3):243-5

・Janine M. Dutcher, J. David Creswell, Laura E. Pacilio and Peter Richard Harris(2016) Self-Affirmation Activates the Ventral Striatum: A Possible Reward-Related Mechanism for Self-Affirmation. Psychological Science 27(4)

・Lisa Legault, Timour Al-Khindi and Michael Inzlicht(2012) Preserving Integrity in the Face of Performance Threat: Self-Affirmation Enhances Neurophysiological Responsiveness to Errors. Psychological Science 23(12)

・Ryan Schindel, Jemma Rowlands and Derek H. Arnold(2011)The oddball effect: Perceived duration and predictive coding. Journal of Vision February 2011, Vol.11, 17

・『アイデアのちから』チップ・ハース（著）、ダン・ハース（著）、飯岡美紀（翻訳） 日経BP

・Pollatsek Alexander, Raney Gary E, Lagasse Linda and Rayner Keith(1993) The use of information below fixation in reading and in visual search. Canadian Journal of Experimental Psychology Ottawa Volume 47, No. 2 (Jun 1993) 179-200.

・Giada Di Stefano,Francesca Gino,Gary P. Pisano and Bradley R. Staats(2016) Making Experience Count: The Role of Reflection in Individual Learning.Harvard Business School NOM Unit Working Paper No. 14-093 Posted: 26 Mar 2014

・Sarah Milne, Sheina Orbell and Paschal Sheeran(2002) Combining motivational and volitional interventions to promote exercise participation: Protection motivation theory and implementation intentions. British Journal of Health Psychology 7(Pt 2):163-84

・『あなたもいままでの10倍速く本が読める』ポール・R・シーリィ（著）、神田昌典（監修）、井上久美（翻訳） フォレスト出版

・『フォーカス・リーディング』寺田昌嗣（著） PHP研究所

【第7章】

・Alin Coman and Madalina Vlasceanu(2018) Mnemonic accessibility affects statement believability: The effect of listening to others selectively practicing beliefs. Cognition 180:238-245

・A. Zadbood,J. Chen, Y. C. Leong, K. A. Norman(2017) How We Transmit Memories to Other Brains: Constructing Shared Neural Representations Via Communication(2017) Cerebral Cortex 27(10):4988-5000

・Austen L. Krill and Steven M. Platek(2012) Working Together May Be Better: Activation of Reward Centers during a Cooperative Maze Task. PLoS One. 2012; 7(2): e30613.

・Emmeline Byl, Katrien Struyven, Wolfgang Jacquet, Bieke Abelshausen, Pieter Meurs, Tom Vanwing, Nadine Engels, Koen Lombaerts(2016) The effectiveness of peer-assisted learning for student success: the value of attendance policy and program content.Conference: 9th annual International Conference of Education, Research and Innovation At: Seville, Spain Volume: ICERI2016 Proceedings

・John Nestojko, Dung C Bui,Nate Kornell and Elizabeth Bjork(2014) Expecting to teach enhances learning and organization of knowledge in free recall of text passages. Memory & Cognition 42(7)

・https://www.nytimes.com/2016/02/28/magazine/what-google-learned-from-its-quest-to-build-the-perfect-team.html

・Anthony I Jack, Richard E. Boyatzis, Masud Khawaja and Angela M. Passarell(2013) Visioning in the brain: An fMRI study of inspirational coaching and mentoring. Social Neuroscience 8(4):369-384

・Nobuaki Mizuguchi, Hiroki Nakata and Kazuyuki Kanosue(2016) The right temporoparietal junction encodes efforts of others during action observation. Scientific Reports volume 6, Article number: 30274 (2016)

・Howard J Klein, Robert B Lount, Hee Man Park, Bryce J Linford(2019) When goals are known: The effects of audience relative status on goal commitment and performance. J Appl Psychol. 2020 Apr;105(4):372-389

・『21世紀の貨幣論』Felix Martin（原著）、遠藤真美（翻訳）東洋経済新報社

【第8章】

・『ORIGINALS 誰もが『人と違うこと』ができる時代』アダムグラント（著）、楠木建（翻訳）三笠書房

・Stefan Engeser and Falko Rheinberg(2009)Achievement motive imagery in German schoolbooks: A pilot study testing McClelland' s hypothesis.Journal of Research in Personality 43(1):110-113

・Eyal Ophir, Clifford Nass, and Anthony D. Wagner(2009) Cognitive control in media multitaskers. PNAS September 15, 2009 106 (37) 15583-15587

・Kou Murayama, Madoka Matsumoto, Keise Izuma, Ayaka Sugiura, Richard M. Ryan, Edward L. Deci and Kenji Matsumoto (2015) How Self-Determined Choice Facilitates Performance: A Key Role of the Ventromedial Prefrontal Cortex.Cerebral Cortex, Volume 25, Issue 5, May 2015

・https://www.nips.ac.jp/sp/release/2012/11/post_224.html

・『アメリカン・ドリームの軌跡―伝説の起業家25人の素顔』H・W・ブランズ（著）英治出版

・Roberto Cabeza, Nicole D Anderson, Jill K. Locantore and Anthony R McIntosh(2003) Aging Gracefully : Compensatory Brain Activity. NeuroImage 17, 1394-1402 (2002)

【後記】

・『マネー・ボール　奇跡のチームをつくった男』マイケル・ルイス（著）、中山宥（翻訳）ランダムハウス講談社

〈作者簡介〉

望月俊孝

1957年出生於山梨縣，畢業自上智大學。開發「魔法閱讀法」，並提倡加快夢想實現速度的「寶地圖」、90分鐘改寫自我形象的「能量熟習」、遍及全世界的「靈氣」，為VORTEX靈氣團體代表、日本生活整頓師理事，主持國際靈氣推廣協會。著作包括在日本銷量超過10萬本的暢銷書——《[新版]幸せな宝地図であなたの夢がかなう》（ダイヤモンド社）、《「やりたいこと」を先送りしてしまう自分が変わる本》（フォレスト出版）等41冊，累計發行超過100萬部，並翻譯成7國語言。近期作品有《見るだけで9割かなう!魔法の宝地図》（KADOKAWA）、《何歳からでも結果が出る 本当の勉強法》（すばる舎）。

魔法閱讀法

利用ROI速讀法讓人生暴風式成長

出　　版／楓葉社文化事業有限公司
地　　址／新北市板橋區信義路163巷3號10樓
郵政劃撥／19907596 楓書坊文化出版社
網　　址／www.maplebook.com.tw
電　　話／02-2957-6096
傳　　真／02-2957-6435
作　　者／望月俊孝
翻　　譯／黃筱涵
責任編輯／邱凱蓉
內文排版／楊亞容
港澳經銷／泛華發行代理有限公司
定　　價／380元
初版日期／2023年10月

國家圖書館出版品預行編目資料

魔法閱讀法：利用ROI速讀法讓人生暴風式成長 / 望月俊孝作；黃筱涵譯. -- 初版. -- 新北市：楓葉社文化事業有限公司, 2023.10　面；　公分

ISBN 978-986-370-602-1（平裝）

1. 速讀 2. 讀書法

019.1　　112014545